Cría de conejos para carne

Una guía completa para criar conejos de carne, incluyendo consejos para elegir una raza, construir el corral y el sacrificio

Tabla de Contenidos

Introducción

¿Por qué debería lanzarse al mundo de la cría de conejos para carne? Hay muchas razones para hacerlo. Se ha hecho desde siempre y, sin embargo, a menudo se pasa por alto. Hubo un tiempo en que los conejos no eran meros compañeros domésticos, sino una parte vital de la producción cárnica de la granja. Mucho antes de que las barbacoas en el patio trasero se convirtieran en sinónimo de chuletones chisporroteantes y rollizos muslos de pollo, la gente conocía la joya oculta que eran los conejos. Antaño salvajes y escurridizas, estas esponjosas criaturas encontraron poco a poco su lugar como mascotas domésticas. No fue una transformación de la noche a la mañana, eso sí. Antes de que esto ocurriera, los conejos se utilizaban principalmente como fuente de alimento.

Ahora bien, se estará preguntando. Los pollos y las vacas han sido durante mucho tiempo las opciones para obtener carne, así que ¿por qué optar por los conejos? Considere la eficiencia de todo ello. Los pollos y las vacas exigen espacio, alimento y tiempo, una trifecta de recursos valiosos. Los conejos, en cambio, son potencias compactas. No necesitan pastos extensos ni enormes comederos. Un pequeño rincón de su jardín puede convertirse en un paraíso para los conejos y producir una impresionante cosecha de carne tierna.

Y hablemos de velocidad. Los pollos y las vacas se toman su dulce tiempo para madurar, exigiendo su paciencia mientras espera ese momento perfecto para degustar sus sabores. ¿Pero los conejos? Son los velocistas del mundo de la carne. En cuestión de semanas, tendrá carne de conejo en su plato. Es una rapidez satisfactoria que incluso el granjero más apresurado puede apreciar, pero aún hay más. Imagine una vida en la que su fuente de carne no solo sea económica, sino también sostenible. Los conejos son conocidos por su prodigiosa capacidad de cría, y su rápido ciclo de reproducción garantiza un suministro constante de carne para su mesa. Mientras que las gallinas y las vacas pueden requerir más atención a sus necesidades reproductivas, los conejos prácticamente escriben su propio guion, creando un delicioso excedente de carne.

Empezar su aventura con los conejos tiene varias posibilidades, y cada camino tiene su propio objetivo. Seguro que hay uno que se ajusta a sus intereses y habilidades. Quizá su objetivo sea la autosuficiencia. Piense en tener conejos como una forma de crear un mini ecosistema. Estas pequeñas criaturas pueden darle buenas proteínas para comer. O quizá le gusten los mercados de agricultores. La carne de conejo puede no ser la opción habitual para algunas personas, pero una vez que la prueben, podrían convertirse en sus fieles clientes. Otra opción es conectar con restaurantes. El conejo se ha hecho muy popular en los menús gracias a los chefs creativos. Al suministrarles carne de conejo de calidad, usted pasa a formar parte de esta tendencia culinaria.

Sin embargo, sea realista. Sea honesto sobre lo que puede manejar: sus habilidades, tiempo y recursos. No se deje llevar por la emoción sin un objetivo claro. Hay una historia sobre una familia que compró conejos para comer, pero cuando llegó el momento de procesarlos, no pudieron. Acabaron teniendo mascotas en lugar de carne. Una cosa que hay que recordar desde el principio es que criar conejos para carne significa que al final tendrá que ocuparse de sacrificarlos. Es una conversación seria que debe tener por adelantado para saber si se siente cómodo con todo el proceso antes incluso de empezar a aparear conejos.

En el mundo de la cría de conejos para carne, su viaje puede tener un destino diferente, pero lo que lo une todo es su dedicación al aprendizaje, al suministro y quizá incluso al procesamiento de la carne de conejo. Se trata de encontrar su propio camino y disfrutar de la aventura por el camino.

Capítulo 1: Introducción a la cría de conejos

La cría de conejos ha surgido como una búsqueda gratificante para individuos y familias que buscan una mezcla armoniosa de compañía y producción sostenible de alimentos. Con su naturaleza dócil, sus modestas exigencias de mantenimiento y su prolífica tendencia a la cría, los conejos han captado el interés de quienes buscan dedicarse a la cría de animales a pequeña escala. La cría de conejos es una oportunidad perfecta para cultivar una conexión con estas entrañables criaturas mientras se disfruta de los beneficios de la carne de cosecha propia. A medida que el libro se adentra en la cría de conejos, navegará por las diversas consideraciones, técnicas y recompensas de esta empresa, abarcando desde la selección de las razas de conejos adecuadas hasta la creación de hábitats sostenibles que se adapten a su estilo de vida.

La cría de conejos es una oportunidad perfecta para cultivar una conexión con estas entrañables criaturas mientras disfruta de los beneficios de la carne de cosecha propia
https://pixabay.com/photos/rabbit-farmer-rabbit-pet-7657156/

Explorando la cría de conejos

El reino de la cría de conejos es un viaje polifacético que armoniza la crianza de seres vivos con prácticas agrícolas sostenibles. Un aspecto fundamental es seleccionar las razas de conejos que se ajusten a sus objetivos: producción de carne, pieles o mascotas atractivas. Estas decisiones sientan las bases de una experiencia gratificante. Es igualmente crucial proporcionar a los conejos un espacio de alojamiento adecuado. Desde los armarios hasta los tractores, el bienestar y la protección de estos animales son consideraciones primordiales. Del mismo modo, atender sus necesidades dietéticas con una mezcla equilibrada de verduras frescas, heno y pellets nutricionalmente densos garantiza una salud óptima.

Más allá de los aspectos prácticos, la cría de conejos ofrece la enriquecedora experiencia de observar comportamientos naturales, cuidar del crecimiento de las familias de conejos y fomentar la conexión con los ritmos de la naturaleza. Los beneficios van más allá, ya que su jardín se beneficia del valioso recurso del compost de desechos de conejo. Además, esta empresa fomenta una comprensión más profunda del cuidado de los animales, la ética de la cría y las prácticas de vida sostenible. Al embarcarse en esta exploración de la cría de conejos, descubrirá en este libro los matices que la convierten en una empresa satisfactoria y educativa para quienes buscan una conexión con el mundo natural y un camino hacia una vida sostenible y autosuficiente.

Por qué criar conejos para carne

Los conejos han acaparado la atención como una opción práctica y respetuosa con el medio ambiente para quienes buscan una alternativa a la producción convencional de carne. La cría de conejos como fuente de carne se basa en factores como un ciclo de reproducción corto, una conversión eficiente del alimento en proteína y unos requisitos de espacio manejables. Estos factores han convertido a los conejos en una elección factible para las familias y los particulares que pretenden adoptar prácticas alimentarias sostenibles dejando una huella ecológica mínima.

Tasa eficiente de conversión de alimento en carne

Los conejos destacan por su notable eficiencia a la hora de convertir el pienso en proteína de alta calidad. Conocidos por su dieta herbívora, tienen un sistema digestivo especializado que les permite tomar la mayor cantidad de nutrientes de materiales de origen vegetal como el heno y los cereales. Esta eficiente tasa de conversión de alimento en carne hace de la carne de conejo una opción magra y saludable. Contribuye a la conservación de los recursos al minimizar la cantidad de pienso necesaria para producir una cantidad sustancial de proteínas.

Requisitos mínimos de espacio

Criar conejos en su patio trasero es perfecto para las personas con espacio limitado. A diferencia de los animales domésticos de mayor tamaño que exigen extensas zonas de pastoreo, los conejos pueden prosperar en recintos modestos como conejeras o corrales. Esta adaptabilidad a espacios reducidos resulta especialmente atractiva en entornos urbanos y suburbanos donde el terreno escasea. En consecuencia, la cría de conejos ofrece una vía para la producción de carne incluso en entornos en los que la ganadería tradicional resultaría poco práctica.

Los conejos pueden prosperar en recintos modestos como conejeras o corrales
https://pixabay.com/photos/rabbit-hutch-house-easter-cottage-502929/

Naturaleza de doble propósito: Carne y piel

Otra faceta convincente de la cría de conejos es la naturaleza de doble propósito de la producción de carne y piel. Además de proporcionar una carne tierna y sabrosa, el suave y denso pelaje de ciertas razas de conejos puede utilizarse para fabricar artículos de punto como guantes, rebecas y fieltros. Sin embargo, si la longitud del pelaje es demasiado corta, resulta imposible fabricar hilo. Esta doble funcionalidad se alinea con las prácticas sostenibles al maximizar el rendimiento de cada animal, reducir los residuos y apoyar los esfuerzos artesanales locales, eligiendo conejos aptos tanto para la producción de carne como de lana.

Rápido ciclo reproductivo

El rápido ciclo reproductivo de los conejos contribuye a su atractivo como fuente de carne. Una sola coneja (hembra de conejo) puede producir varias camadas de gazapos (crías de conejo) al año, lo que se traduce en un suministro constante de carne. Esta eficiencia reproductiva permite un ritmo de producción de carne sostenible y predecible, reduciendo el tiempo y los recursos necesarios para obtener una cosecha sustancial.

Menor impacto medioambiental

La cría de conejos encaja con las prácticas respetuosas con el medio ambiente debido a su reducida huella ecológica. En comparación con el ganado de mayor tamaño, los conejos consumen menos pienso, requieren espacios vitales más reducidos y generan menos emisiones de gases de efecto invernadero. Su eficiente consumo de recursos contribuye a los esfuerzos de conservación al minimizar el uso de agua y las necesidades de tierra.

Beneficios para la salud

La carne de conejo se considera una opción proteica saludable porque es una proteína baja en grasas y colesterol. Esto la convierte en una opción atractiva para las personas que desean mantener su peso y su salud cardiovascular. La carne magra de conejo tiene un alto contenido proteínico que favorece la salud muscular y mejora la función inmunológica y el bienestar general.

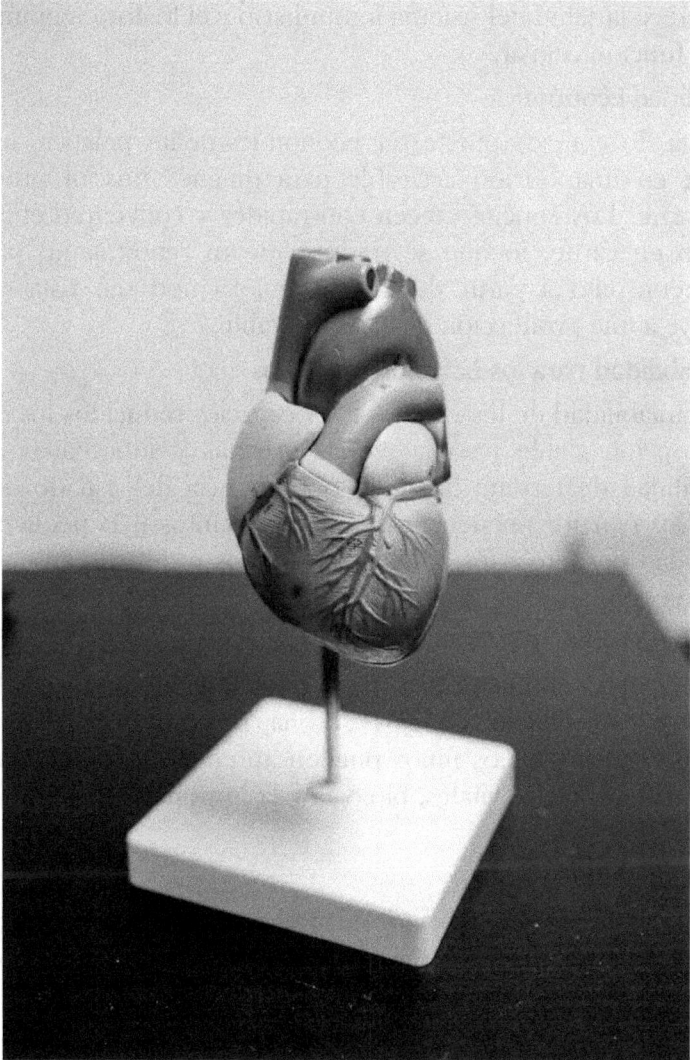

La carne de conejo es una elección óptima para las personas que aspiran a mantener su peso y su salud cardiovascular

https://unsplash.com/photos/MEbT27ZrtdE

Carne rica en nutrientes

La carne de conejo es abundante en nutrientes esenciales que desempeñan papeles cruciales en el mantenimiento de los procesos metabólicos. Por ejemplo, la carne está repleta de vitaminas del grupo B, sobre todo B12, que es una sustancia vital necesaria para el metabolismo energético y la función nerviosa. Asimismo, el alto contenido de hierro, zinc y fósforo de la carne mejora el transporte de oxígeno en la sangre, el zinc favorece la salud del sistema inmunitario y el fósforo mejora la salud ósea y la función celular.

Viabilidad económica

La cría de conejos puede ser económicamente práctica, lo que la convierte en una opción accesible para quienes buscan producir su propia carne. Los conejos crecen con rapidez y convierten eficazmente el pienso en carne, lo que se traduce en un rendimiento proteínico relativamente alto a partir de una inversión modesta. Esta eficiencia contribuye a una producción de carne rentable.

Accesibilidad para los habitantes urbanos

La adaptabilidad de los conejos a los espacios reducidos los convierte en una opción viable para las zonas urbanas y suburbanas con una disponibilidad de terreno limitada. A diferencia del ganado de mayor tamaño, los conejos pueden prosperar en recintos más pequeños. Esta accesibilidad permite a los habitantes urbanos producir carne sin tener que poseer grandes extensiones de tierra.

Valor educativo

La cunicultura también ofrece una oportunidad educativa, sobre todo para los niños. Cuidar conejos enseña responsabilidad, empatía y habilidades prácticas. Los niños pueden aprender sobre el cuidado de los animales, sus ciclos vitales, biología y la importancia de tratarlos con amabilidad y respeto.

Consideraciones éticas

Para las personas que dan prioridad al trato ético de los animales, la cría de conejos se alinea con sus valores. El tamaño manejable de los conejos los hace menos intimidantes de manejar que el ganado de mayor tamaño. Esto puede conducir a una experiencia más humana y menos estresante al criar y sacrificar conejos para carne y pieles.

Menor uso de antibióticos

La cría de conejos en casa implica menos antibióticos que la producción comercial de carne a gran escala. Los conejos suelen ser animales resistentes con menos problemas de salud y, debido a su pequeño tamaño, reciben un cuidado más individualizado, lo que reduce la necesidad del uso rutinario de antibióticos.

Seguridad alimentaria local

La cría de conejos contribuye a la seguridad alimentaria local, garantizando un suministro constante de carne fresca en las comunidades. Esta producción localizada disminuye la dependencia de fuentes de alimentos lejanas durante las interrupciones del suministro del mercado local, ya que la mayoría de las especies de conejos se desarrollan bien en temperaturas extremas. Esta capacidad para sobrevivir en temperaturas frías y cálidas convierte a los conejos en una tremenda fuente alternativa de carne. Además, los conejos pueden adaptarse a diferentes terrenos, lo que facilita su cría allí donde vivan los humanos.

Programas de cría personalizados

La cría de conejos permite a los criadores adaptar sus programas de cría para alcanzar objetivos específicos, ya sea optimizar el rendimiento cárnico y la calidad de la piel o adaptarse a los climas locales. Esta personalización ofrece oportunidades para la experimentación y la innovación. Los programas de cría exitosos pueden conducir además al desarrollo de especies con mejores cualidades en cualquiera de estas áreas.

Diversificación de la granja

Para quienes persiguen un estilo de vida autosuficiente, los conejos pueden ser una valiosa adición a una granja diversificada. Integrar la cría de conejos con otras prácticas como la jardinería, las aves de corral y el ganado menor contribuye a una mayor variedad de recursos disponibles para el consumo personal.

Sostenibilidad práctica

Al ser una actividad agrícola tan práctica y simplificada, se establece una mayor conexión con la fuente de alimentos, lo que fomenta las prácticas sostenibles. Las personas se vuelven más conscientes de su consumo de alimentos y de los recursos necesarios para producirlos, fomentando una comprensión más profunda de la sostenibilidad.

Conexión con los ciclos naturales

Al dedicarse a la cría de conejos, se adquieren conocimientos sobre los ciclos naturales de la vida, la reproducción y la gestión responsable de los animales. Esta experiencia aumenta el conocimiento y la conciencia pertinentes de los procesos que sostienen la vida y un aprecio más profundo por el mundo natural.

Preservación de las razas heredadas

Otro aspecto positivo de la cría es la importantísima preservación de la diversidad genética y el patrimonio cultural de las razas cunícolas heredadas. Este apoyo a la biodiversidad salvaguarda razas únicas de la extinción y mantiene su importancia histórica.

Capacitación y resistencia

La cría de conejos capacita a los pequeños agricultores para tomar el control de sus fuentes de alimentos y ser más autosuficientes. Los pequeños agricultores pueden producir alimentos y depender menos de las cadenas de suministro externas mientras crían conejos. Este proceso contribuye exponencialmente al empoderamiento personal.

La decisión de considerar a los conejos como fuente de carne encarna un enfoque polifacético de la producción sostenible de alimentos. Su eficiente conversión alimenticia, sus mínimas necesidades de espacio, su naturaleza de doble propósito, su rápido ciclo de reproducción y su menor impacto medioambiental convergen para ofrecer una opción práctica y ética a las personas que buscan alimentarse a sí mismas al tiempo que priorizan la conservación y la autosuficiencia de forma responsable. Como alternativa a las fuentes de carne convencionales, los conejos ejemplifican cómo las decisiones conscientes en la producción de alimentos pueden contribuir a una relación más sostenible y armoniosa con el medio ambiente.

Afrontar los retos de la cría de conejos

Emprender el camino hacia la cría de carne de conejo conlleva algunos retos que requieren una atención cuidadosa y una gestión proactiva para garantizar el bienestar de los conejos y el éxito de su empresa. He aquí una exploración detallada de estos retos y cómo abordarlos:

Comenzar su viaje en el camino de la cría de carne de conejo tiene algunos desafíos que requieren una cuidadosa atención
https://unsplash.com/photos/bJhT_8nbUA0

1. Alojamiento adecuado

En su hábitat natural, a los conejos les gusta cavar madrigueras subterráneas (túneles). Cuando se crían conejos en un espacio urbano o residencial, es crucial proporcionarles un alojamiento adecuado para su seguridad y comodidad. Los cobertizos o corrales deben proteger a los conejos de los depredadores, proporcionarles cobijo de las inclemencias del tiempo y ofrecerles una ventilación adecuada. Aislar el alojamiento ayuda a regular la temperatura, y una separación correcta entre los alambres evita lesiones. La limpieza regular es esencial para evitar la acumulación de desechos, que provoca problemas de salud y olores desagradables.

2. Salud y cuidados veterinarios

Mantener la salud de los conejos requiere un seguimiento regular. Los problemas de salud más comunes en los conejos incluyen problemas digestivos, dentales, infecciones respiratorias y ataques de parásitos externos. Además de realizar chequeos regulares usted mismo, es mejor recurrir a un veterinario certificado que pueda examinar a los conejos en busca de signos de enfermedad y cambios de comportamiento y anotar los cambios en la dieta y la calidad de las heces. Están muy bien entrenados para reconocer los síntomas y proporcionar atención médica inmediata para lograr los mejores resultados.

3. Satisfacer las necesidades dietéticas

Satisfacer las necesidades dietéticas de los conejos es vital para su bienestar. Su dieta debe consistir en heno de alta calidad como el timoteo o la hierba de los huertos, verduras frescas como las de hoja verde y las zanahorias, y pellets para conejos comercialmente equilibrados. Evite dar a los conejos alimentos ricos en azúcar o pobres en fibra, ya que pueden aumentar su toxicidad. Asegure el acceso a agua limpia y fresca en todo momento para prevenir la deshidratación.

4. Gestión de la reproducción

Aunque la capacidad reproductora de los conejos es ventajosa, debe gestionarse con cuidado. Una cría incontrolada puede provocar superpoblación, estrés y comprometer el bienestar de conejos y cuidadores. Ponga en marcha un plan de cría que pueda gestionar y controlar. Separe machos y hembras para evitar la cría involuntaria.

5. Necesidades sociales y de comportamiento

Los conejos son animales sociales que prosperan en compañía. Sin embargo, la introducción de conejos requiere un proceso gradual y supervisado para evitar agresiones. Alojar a los conejos solos puede provocarles soledad y problemas de comportamiento. Introduzca a los conejos en un territorio neutral, vigile las interacciones e inicialmente manténgalos separados para evitar conflictos.

6. Protección contra depredadores

Los conejos son animales de presa por naturaleza, lo que los hace vulnerables a los depredadores. Unos recintos seguros con vallas resistentes en función de la amenaza de depredadores, una separación adecuada entre los alambres de las vallas y unas barreras sólidas ayudan a disuadir a los depredadores. Considere la posibilidad de añadir más elementos disuasorios para los depredadores, como luces que se activen con el movimiento o dispositivos que hagan ruido.

7. Enriquecimiento ambiental

Los conejos son criaturas inteligentes y curiosas que necesitan estimulación mental y física.

La falta de enriquecimiento puede conducir al aburrimiento y a comportamientos no deseados. Si cría conejos en un espacio urbano, proporcióneles juguetes como cajas de cartón, cree túneles y juguetes masticables para mantenerlos ocupados. Ofrézcales escondites, plataformas y oportunidades de excavar para imitar sus comportamientos naturales.

8. Gestión de residuos

Una gestión adecuada de los desechos es crucial para mantener un entorno de vida saludable. Limpiar regularmente las zonas sucias, las jaulas y las conejeras y eliminar los desechos de forma responsable son algunos pasos básicos para la gestión de residuos. La incorporación de técnicas de gestión de residuos previene eficazmente el desarrollo de malos olores, reduce el riesgo de transmisión de enfermedades y desalienta las infestaciones de moscas u otras plagas.

9. Consideraciones climáticas

Las temperaturas extremas pueden afectar a la salud de los conejos. Asegúrese de que su alojamiento tiene la ventilación y el aislamiento adecuados para prevenir el estrés térmico o los problemas de salud relacionados con el frío. Ofrezca sombra cuando haga calor y calor cuando haga frío. Vigilar las previsiones meteorológicas y hacer los ajustes necesarios en su entorno vital es crucial.

Asegúrese de ofrecer a sus conejos sombra cuando haga calor y calor cuando haga frío
https://www.pexels.com/photo/rural-snowy-village-during-severe-blizzard-4969828/

10. Aprendizaje y adaptación

Criar conejos supone una curva de aprendizaje, especialmente para las personas no familiarizadas con la cría de animales. Lo mejor es informarse sobre los cuidados, el comportamiento y las necesidades de los conejos a través de libros, recursos en línea y consejos de propietarios experimentados. Esté abierto a adaptar sus prácticas en función de lo que funcione mejor para sus conejos, ya que cada especie de conejo puede tener preferencias y requisitos únicos. Del mismo modo, el espacio en el que los tenga también define sus requisitos individuales.

11. Prevención de parásitos

Inspeccione regularmente a sus conejos en busca de signos de infestación por parásitos externos. Observará que los conejos se rascan el pelaje debido a picores, pérdida de pelo o plagas visibles en su pelaje. Para prevenir los parásitos, mantenga siempre su espacio vital ventilado, seco y limpio. Cambie regularmente la ropa de cama, limpie los recintos y proporcióneles heno fresco. Si no está seguro, no dude en consultar a un veterinario para que le indique las medidas preventivas o los tratamientos adecuados en caso necesario.

12. Manipulación y socialización

Un manejo suave y positivo es crucial para el bienestar de los conejos. Cuando recoja a un conejo, sujétele los cuartos traseros para evitar lesiones. Pase tiempo cerca de ellos, ofreciéndoles golosinas y caricias suaves. Aumente gradualmente la interacción para ayudarles a acostumbrarse a su presencia y crear confianza.

13. Procedimientos de cuarentena

Cuando introduzca nuevos conejos en su grupo existente, aplique un período de cuarentena de unas dos a cuatro semanas. Esto minimiza el riesgo de introducir enfermedades. Mantenga separados a los nuevos conejos durante este tiempo y vigile de cerca su salud. Consulte a un veterinario para que le oriente sobre los procedimientos de cuarentena.

14. Observación del comportamiento

Compruebe regularmente el comportamiento de sus conejos para detectar cualquier cambio. Los conejos son expertos en ocultar signos de enfermedad, por lo que cualquier alteración en los hábitos alimentarios, niveles de actividad, acicalamiento o comportamiento podría indicar problemas de salud subyacentes. Atienda con prontitud cualquier cambio preocupante.

15. Seguridad frente a los productos químicos

A los conejos les gusta mordisquear cosas, así que asegúrese de que su entorno esté libre de sustancias y plantas tóxicas. Elimine cualquier producto químico, pesticida o material potencialmente dañino de su zona de vida para evitar una ingestión accidental.

16. Manejo del estrés

Los cambios repentinos o las perturbaciones pueden desencadenar estrés en los conejos. Puede minimizar el estrés en estas sensibles criaturas proporcionándoles un entorno estable, evitando los ruidos fuertes y los movimientos bruscos, manejándolos con suavidad y limitando la exposición prolongada a sonidos desconocidos.

17. Necesidades de acicalamiento

Los conejos de pelo largo, como los Angora, necesitan un acicalamiento regular para evitar que su pelaje se apelmace y se enrede. No satisfacer sus necesidades de acicalamiento les causará incomodidad y dará lugar a varios otros problemas de piel. Es crucial comprender que las necesidades de acicalamiento cambian ligeramente con cada especie de conejo. Reconocer y satisfacer estas necesidades de acicalamiento es su responsabilidad como cuidador. Los conejos de pelaje largo y espeso necesitarán más cuidados y atención que las razas de pelo corto.

18. Fomentar la confianza

Los conejos son inteligentes y pueden establecer vínculos con los humanos que los cuidan, pero requiere tiempo y paciencia. Para fomentar la confianza, intente pasar más tiempo cerca de su recinto y aliméntelos con sus aperitivos favoritos una vez al día. Puede ofrecerles golosinas o verduras frescas a mano para crear asociaciones positivas. Evite forzar la interacción y permita que se acerquen a usted a su propio ritmo.

19. Registros sanitarios

Mantenga registros sanitarios precisos de cada conejo. Documente su historial médico, tratamientos anteriores, datos de vacunación y cualquier problema de salud que padezcan. Estos registros son valiosos para hacer un seguimiento de su salud, discutir las preocupaciones con los veterinarios y tomar decisiones informadas sobre la cría y el cuidado.

20. Comunidad y recursos

Hablar con otros entusiastas de los conejos uniéndose a comunidades locales o en línea le beneficiará exponencialmente. Puede compartir sus experiencias, buscar consejo de veteranos en cunicultura y formarse con la experiencia de otros. Interactuar con propietarios de conejos experimentados sin duda le proporcionará valiosas ideas y apoyo.

21. Compromiso de tiempo

La cría de conejos requiere tiempo, dedicación y compromiso. Sus tareas diarias incluirán la alimentación, la limpieza de los recintos, el control de la salud y la interacción social. Prepárese para dedicar tiempo a su cuidado, ya que descuidar sus necesidades puede acarrear problemas de salud y escaso bienestar.

22. Preparación para emergencias

Esté siempre preparado para cualquier emergencia médica con un plan de acción factible. El plan puede incluir conocer los procedimientos de evacuación, prestar primeros auxilios y disponer de la información de contacto de un veterinario experto en el cuidado de conejos. Estar preparado asegura una respuesta rápida en situaciones críticas.

23. Consideraciones sobre el final de la vida

Comprender las necesidades de los conejos al final de su vida y actuar con humanidad y responsabilidad es crucial en cunicultura. Si un conejo sufre una enfermedad terminal o su salud se deteriora rápidamente, prepárese para tomar decisiones difíciles sobre la eutanasia en consulta con un veterinario. Tenga un plan para la eliminación adecuada y considere métodos respetuosos con el medio ambiente si es necesario.

Si tiene en cuenta estos puntos, estará bien preparado para afrontar los retos de la cunicultura en pequeña escala. Adoptar un enfoque proactivo e informado garantiza el bienestar de los conejos y promueve una experiencia positiva y satisfactoria tanto para el cuidador como para los propios conejos.

Imagine un método de producción de alimentos sostenible que cabe en su patio trasero, ofrece carne rica en nutrientes y le introduce en un mundo de compañía único. La cría de conejos para carne no es solo una empresa; es un viaje que le conecta con los ritmos de la naturaleza, alimenta su curiosidad y enriquece su comprensión de las fuentes éticas de alimentos.

Al iniciarse en la cría de conejos, se adentra en un mundo donde la eficiencia se une a la compasión. Descubra cómo estas pequeñas, simpáticas y peludas criaturas han causado sensación en la industria culinaria, gracias a su capacidad para convertir el pienso en proteínas de alta calidad con depósitos ricos en nutrientes. Explore la intrincada danza entre las prácticas sostenibles y la administración responsable mientras se embarca en un camino que trasciende los métodos tradicionales de producción de carne.

Imagínese creando espacios vitales a medida que proporcionen comodidad y seguridad a sus conejos, y sea testigo de la alegría de nutrir vidas que, a su vez, le nutren a usted. A medida que explore los detalles del diseño del alojamiento, el mantenimiento de la salud y las necesidades dietéticas, descubrirá las fascinantes complejidades del cuidado de los conejos. Cada reto al que se enfrente se convertirá en una oportunidad para profundizar en su conexión con estas criaturas y mejorar su calidad de vida.

Imagine la satisfacción de tomar el control de su fuente de alimento, sabiendo que la carne que llega a su mesa ha sido criada con cuidado e integridad. La cría de conejos no es solo una cuestión de sustento; es un enfoque holístico que incluye beneficios para la salud, consideraciones éticas y la satisfacción de formar parte de una comunidad de productores de alimentos responsables.

El mundo de la cunicultura le invita a explorar más allá de los confines del consumo tradicional de carne. Le anima a adoptar un estilo de vida práctico y sostenible que se alinea con los ritmos de la naturaleza. Tanto si es un principiante como un experimentado entusiasta, este viaje consiste en fomentar una profunda conexión con los animales que cría, el entorno que nutre y el sustento que obtiene de todo ello.

¿Le intriga saber más sobre el arte y la ciencia de criar conejos para carne? Sumérjase en el fascinante mundo de la producción responsable de alimentos, los cuidados compasivos y la vida sostenible. Descubra cómo el humilde conejo puede ser una fuente de deleite culinario y una profunda conexión con el mundo natural. Su viaje hacia la cría de conejos promete un tapiz de experiencias que enriquecerán su vida a la vez que contribuirán a un planeta más sano.

Capítulo 2: Elegir la raza adecuada para la producción

Saber qué raza de conejo elegir para su producción de carne es esencial. Si piensa dedicarse a ello comercialmente, puede convertirse en una empresa lucrativa y gratificante. Dado que no hay dos razas de conejos iguales por la diferencia de sus características, implica que su adaptabilidad, el tamaño de la camada, la tasa de crecimiento, la conversión alimenticia y la calidad de la carne que producen también diferirán. Por lo tanto, conocer la raza de conejos adecuada a sus necesidades y objetivos ganaderos e ir tras ella es esencial para tener éxito en la producción.

Este capítulo le ofrece las diferentes razas de conejos adecuadas para la producción de carne. Descubrirá los factores que hacen que estas razas de conejos sean adecuadas, junto con algunas razas de carne populares y sus necesidades únicas.

Distintas razas de conejos más adecuadas para la producción de carne

Blanco de Nueva Zelanda

El blanco de Nueva Zelanda es una conocida raza productora de carne
https://commons.wikimedia.org/wiki/File:NewZealandWhiteRabbit_2.jpg

El blanco de Nueva Zelanda es una raza conocida productora de carne. Crece muy rápido y su carne es sabrosa y suave. La cantidad de carne de un conejo blanco de Nueva Zelanda es superior a la de su hueso, y el sabor de la carne es excelente. El conejo Blanco de Nueva Zelanda tiene un gran tamaño de camada, es decir, de ocho a doce gazapos por camada de media, junto con un excepcional índice de conversión alimenticia y una rápida tasa de crecimiento. Estos rasgos hacen de la Blanca de Nueva Zelanda una raza eficaz y adecuada para la producción de carne.

En cuanto a su adaptabilidad, la Blanca de Nueva Zelanda puede criarse en diferentes climas y son muy fáciles de cuidar. Además, puede manejarlos fácilmente porque son obedientes, lo que los convierte en una buena opción para cualquiera que se inicie en la cunicultura.

La raza neozelandesa es sin duda la raza para la producción de carne debido a su rápida tasa de crecimiento, rendimiento y manejo en general.

Californiana

Otra raza muy conocida para la producción de carne, con un crecimiento de peso de ocho a 12 libras en 12 semanas, es la californiana. Esta raza es conocida por su carne tierna y sabrosa. Tiene una relación carne-hueso excepcional, muy buscada por restaurantes y carnicerías.

Además, el californiano crece rápidamente y su buen índice de conversión lo convierte en una raza eficaz para producir carne. El tamaño medio de la camada del californiano es de seis a ocho por camada, y su tasa de crecimiento es similar a la del blanco de Nueva Zelanda.

En cuanto a la capacidad de adaptación, puede criar fácilmente la raza californiana en cualquier clima y son fáciles de criar. La raza californiana tiene un carácter apacible. Es un cruce entre el conejo Blanco de Nueva Zelanda y el conejo Chinchilla.

Chinchilla americana

Debido a la popularidad de su carne y su piel, esta raza se denomina conejo de doble propósito. Con un peso superior a las 12 libras y un cuerpo fornido, se les considera uno de los mejores conejos de raza de carne del mundo. La gente favorece esta raza por su paletilla ancha y su lomo profundo superior, que se ven en varios platos ahumados y cocinados en todo el mundo. Debido a su popularidad, esta raza de conejo se considera en peligro de extinción.

Las chinchillas americanas son buenas madres y se sabe que dan a luz entre ocho y doce cachorros. Además, son muy amistosas, pesan entre nueve y doce libras y tienen una proporción carne-hueso excepcional.

Rex

El Rex se considera una raza popular para la producción de carne

El Rex también se considera una raza popular para la producción de carne. Pesa entre 2 y 4 kilos y tiene una media de seis a 12 cachorros por camada. Esta raza puede adquirirse fácilmente en EE. UU. y es apreciada por su pelaje aterciopelado y su proporción carne-hueso. Sin embargo, la raza Rex tarda más en llegar a la mesa en comparación con el blanco de Nueva Zelanda.

Champagne D'Argent

La raza Champagne D'Argent está bien considerada en todo el mundo. Esta raza es conocida como el padrino de los conejos y ha sido fuente de carne desde 1631. La Champagne D'Argent debe su nombre a la ciudad de Champagne, en Francia, de donde es originaria. Un Champagne D'Argent maduro tiene un peso de nueve libras con una cantidad de hueso a carne fuera de lo común. Puede obtener tanto carne como pelo de una raza Champagne D'Argent.

Zorro plateado

El zorro plateado es conocido por su buena calidad de carne y pelaje entre los pequeños criadores. A los tres meses pueden alcanzar de 3 a 5 kilos. Suelen tener camadas medianas de entre siete y ocho cachorros.

También son raros, ya que se consideran una raza en peligro de extinción. Las personas expertas en el curtido de pieles valoran mucho la impresionante piel de la raza del zorro plateado.

Conejos satén

La raza satén está considerada como una de las razas de conejo más pesadas y grandes, con un peso superior a las 12 libras cuando crece completamente. Este conejo produce una cantidad razonable de carne debido a su mayor tamaño corporal. Los satenes tienen un temperamento dócil y tranquilo. Son la raza ideal de conejos de carne para criar en su granja.

Conejos canela

Esta raza es un cruce entre el conejo de Nueva Zelanda y el conejo chinchilla americano. Aunque el propósito inicial de este conejo no era producir carne, con sus 11 libras de peso cuando está completamente maduro, es sin duda una raza a tener en cuenta para fines comerciales. El conejo canela es rojo, apreciado por su pelaje, y puede tenerse como mascota. Sin embargo, esta raza es difícil de encontrar.

Conejo Palomino

Los conejos Palomino son conocidos como conejos de carne desde hace décadas
Jamaltby en es.Wikipedia, CC BY-SA 3.0 <https://creativecommons.org/licenses/by-sa/3.0>, vía Wikimedia Commons: https://commons.wikimedia.org/wiki/File:PalBuckSide-small.jpg

Esta raza es conocida como conejo de carne desde hace décadas, popular por producir carne tanto para fines de subsistencia como comerciales. Los conejos palomino pesan de 8 a 11 libras cuando maduran y tienen una excelente relación carne-hueso. El conejo palomino tiene un temperamento fácil de llevar, por lo que puede criarlos. No obstante, debe tener paciencia con ellos, ya que su proceso de crecimiento suele ser lento en comparación con otros conejos productores de carne.

Azul americano

El conejo azul americano puede darle tanto carne como pelo. Pesa de 9 a 12 libras y, al ser una madre excelente, tiene una media de 8 a 10 gazapos por camada. Lamentablemente, tiene un índice carne-hueso pobre como el Gigante de Flandes y es mejor cuando se cruza con otras razas como el Zorro Plateado, el Arlequín, el Rex o cualquier otra raza más pequeña.

Factores que hacen que una raza de conejo sea adecuada

Hay ciertos factores que deben comprobarse a la hora de elegir una raza adecuada para la producción de carne. Entre ellos están la tasa de crecimiento, los tamaños típicos de los adultos y los temperamentos en general.

Tasa de crecimiento

La tasa de crecimiento de una raza es vital a la hora de considerar una raza de conejos para su granja. Es clave porque un conejo de crecimiento rápido produce una cosecha temprana, lo que conduce a una producción regular de carne. Cuando se trate de tasas de crecimiento, tenga en cuenta la calidad del ganado reproductor. Elija conejos de líneas ahorradoras que puedan amortizarse rápidamente solo con el ahorro en pienso. Busque criadores con un buen historial y cómpreles a ellos. Recuerde buscar en otra parte si el criador con el que trata no puede decirle cuánto pesan sus gazapos a las ocho semanas.

Además, cuando elija conejos con una buena tasa de crecimiento, busque conejos con líneas de sangre de calidad para carne. Las buenas líneas de sangre cárnicas son razas de conejos seleccionadas a lo largo de generaciones por su tipo de cuerpo carnoso, su rápida tasa de crecimiento y su ahorratividad. La descendencia de estos conejos de crecimiento rápido también tiende a imitar estas grandes cualidades.

Además, opte por razas de conejos comerciales que tengan una estructura ósea fina. La descendencia de estas razas es conocida por ser de crecimiento rápido con una excelente relación carne-hueso, principalmente de un 60 a un 65 % de apresto. En la madurez, los adultos pesan de ocho a doce libras.

No cometa el error de añadir conejos de huesos grandes como los Gigantes Flamencos a su programa de cría para carne si busca una tasa de crecimiento más rápida. Si lo hace, lo más probable es que a las ocho semanas tenga un gazapo de 5 libras, que quizá no tenga mucha carne debido a su gran estructura. Como a los conejos les crecen los huesos antes que la carne, es posible que le dejen sin recursos a los cinco o seis meses de edad antes de desarrollar suficiente carne para justificar su sacrificio. Las razas neozelandesa y californiana son muy conocidas para la producción comercial por su rápida tasa de crecimiento y el tamaño de sus camadas. Por otro lado, las razas patrimoniales son adecuadas para la producción de carne en patios traseros y granjas pequeñas.

Tamaños típicos de los adultos

La mayoría de la gente suele creer que los conejos deben ser mascotas pequeñas. Debido a esta suposición, se sorprenden cuando el conejo bebé que traen a casa ¡se convierte en un conejo gigante del tamaño de un gato! Por ejemplo, el Holland Lop es una raza pequeña de conejo doméstico, pero a mucha gente le parece grande. Incluso los tamaños de las razas de conejo "enano" y "mini" pueden considerarse grandes para algunas personas, ya que pueden llegar a pesar hasta dos kilos.

El tamaño medio de los conejos adultos

El tamaño de los conejos varía en función de su raza y edad. Por lo tanto, aunque el conejo doméstico adulto de tamaño medio pesa dos kilos, no le ayuda a imaginar el tamaño que alcanzará su conejo de carne. Algunos conejos son grandes, mientras que otros son pequeños; infórmese bien antes de elegir su raza.

• Conejos pequeños

Los conejos pequeños comprenden sobre todo los conejos de raza mini y enana. El peso de estos conejos nunca superará los dos kilos. Sorprendentemente, esta categoría cuenta con el menor número de razas de conejos. La Asociación Americana de Criadores de Conejos (ARBA) reconoce 50 razas de conejos, de las cuales solo 11 están por debajo de la categoría de 5 libras de peso.

Estos conejos se consideran mascotas domésticas porque se crían por su pequeño tamaño.

Los conejos pequeños comprenden sobre todo los conejos de raza mini y enana
https://pixabay.com/photos/rabbit-bunny-easter-grass-cute-4813172/

- **Conejos medianos**

La mayoría de los conejos comúnmente conocidos pertenecen a la categoría de los medianos. El peso adulto de estos conejos ronda entre los dos y los tres kilos. Verá que la mayoría de los conejos pesan alrededor de cinco o seis libras, lo que es más bajo en comparación con el rango dado. Aunque los conejos medianos son más pequeños que otras razas de conejos, tienen un tamaño medio de dos a tres veces mayor de lo que la mayoría de la gente prevé para un conejo. Quince razas de conejos entran en esta categoría.

- **Conejos grandes**

Los conejos de la categoría grande tienen un tamaño adulto típico de ¡8 a 15 libras! La mayoría de estas razas grandes se crían principalmente como conejos productores de carne. Sin embargo, aunque la mayoría de las razas reconocidas por la ARBA son conejos grandes, son difíciles de conseguir.

Cómo saber el tamaño típico de su conejo cuando sea adulto

Si tiene un conejo bebé y está ansioso por saber cuánto crecerá, hay formas sencillas de estimarlo. Conocer el tamaño estimado le permitirá preparar espacio suficiente para cuando alcancen su tamaño adulto.

• **Tenga en cuenta su raza**

Una forma eficaz de estimar el tamaño adulto típico de su conejo es tener en cuenta su raza. Una tabla de razas de conejos en Internet le orientará sobre el rango de tamaño que puede esperar de su conejo si ya conoce su raza.

• **Considere su edad**

Si su conejo fue adoptado y es difícil saber la raza, aún puede estimar su tamaño típico de adulto basándose en su edad. Conocer la edad actual de su conejo le indicará su peso. Estos consejos le darán una estimación aproximada del tamaño adulto esperado de su conejo.

- Cuando su conejo tenga unos cuatro meses, probablemente tendrá la mitad de su tamaño adulto. Por ejemplo, si su conejo pequeño pesa actualmente tres libras, llegará a pesar alrededor de seis libras cuando sea adulto.

- Su conejo será probablemente ⅔ de su tamaño adulto cuando tenga más de seis a ocho meses. Por ejemplo, su conejo adoptado no tiene un año y ciertamente no es un bebé; crecerá un poco. Si su conejo pesa tres libras a esta edad, lo más probable es que su tamaño adulto ronde las 4,5 libras.

Temperamentos generales

Existen muchos conceptos erróneos sobre los conejos. La más común es que a los conejos les gusta que los cojan y los abracen por su aspecto de peluche. Por el contrario, los conejos se vuelven activos y afirman su personalidad cuando alcanzan la madurez sexual. Cuando alcanzan esa etapa, algunas personas se deshacen de ellos por falta de información sobre cómo criarlos.

Los conejos tienen personalidades muy variadas, incluso entre sus compañeros de camada. Pueden ser fogosos, tímidos, curiosos, amables y tontos, independientemente del tipo de raza o sexo. Muestran afecto subiéndose a su espalda, mordisqueando sus calcetines o sentándose cerca de usted. Algunos pueden llegar incluso a lamerle la cara o la mano. Incluso los conejos beligerantes pueden volverse afectuosos con usted cuando se les da espacio para florecer.

El acto de la esterilización puede eliminar muchos problemas de comportamiento y enfermedades en los conejos. En comparación con los conejos de mayor tamaño, los conejos pequeños y enanos son más activos que sus congéneres mayores. Debido a su ligereza, pueden saltar más alto que los de mayor tamaño. Un conejo esterilizado tiene una vida media de ocho a diez años, aunque tiende a superarla.

Durante su etapa adolescente, los conejos muestran comportamientos como morder, rociar, construir nidos, perder el adiestramiento doméstico, morder, comportamientos de cortejo y destructivos como dar vueltas y montar. Exhibir estos comportamientos no es señal de que algo vaya mal con su conejo; es un comportamiento típico del desarrollo. Consulte a un veterinario especializado para castrarlos.

Además, morder es la forma que tiene su conejo de transmitir mensajes de estar al mando o irritación, miedo, lujuria y curiosidad. Con un mordisco, los conejos se dicen unos a otros ¡que se quiten de en medio! No ofrezca la mano a su conejo como saludo o gesto juguetón. Su conejo podría interpretarlo como una intrusión o una amenaza.

Razas populares de carne, sus necesidades especiales y consideraciones

• Blanco de Nueva Zelanda

Características físicas

El blanco de Nueva Zelanda es el más popular entre las diversas variedades de las razas neozelandesas. Tiene un color blanco puro con ojos de color rosa brillante. Los blancos de Nueva Zelanda tienen mejillas redondas, caras musculosas y cuerpos esbeltos y bien redondeados. Tienen músculos pectorales pequeños y cortos y patas traseras grandes y largas. Su peso corporal medio es de hasta 11 lb.

Alojamiento

Los conejos blancos de Nueva Zelanda se crían mejor en interiores para protegerlos del clima extremo y de los depredadores. No aloje a sus conejos en zonas poco frecuentadas, ya que los conejos son animales sociales y disfrutan de la compañía. Utilice un corral que tenga cuatro veces la longitud de su conejo cuando se estire. Para dar a su conejo un espacio mayor, utilice corrales para perros, que son más grandes en comparación con las jaulas comerciales para conejos, insuficientes para albergarlos. Durante al menos cinco horas al día, dé a sus conejos la libertad de salir de su jaula. Así podrán permanecer en una habitación sin corral o deambular libremente por su casa.

Procure que el espacio asignado a sus conejos sea a prueba de conejos. Los Blancos de Nueva Zelanda tienen una tendencia natural a masticar y escarbar, lo que puede dañar bienes como cortinas, cordones, alfombras, muebles y moqueta. Asegúrese también de que los cables eléctricos estén fuera de su alcance.

Alimentación

Los blancos de Nueva Zelanda necesitan mucho heno fresco y agua. Utilice henos como el Timothy u otros pastos mixtos. Asegúrese de dar todos los días a su conejo verduras frescas de hoja verde. Suministre al menos un cuarto de taza de verduras por cada libra de peso corporal. Algunas de las verduras que necesita un conejo blanco de Nueva Zelanda son las puntas de zanahoria, la lechuga roja bok choy y el diente de león verde.

Además, puede utilizar hierbas como perejil, menta, cilantro y albahaca para alimentar a su conejo. Las verduras sin hojas se consideran inseguras para su conejo, así que absténgase de alimentarlo con ellas. Alimente menos a sus conejos blancos de Nueva Zelanda con zanahorias debido a su alto nivel de azúcar. Consulte a su veterinario si no está seguro de qué alimento dar a sus conejos.

Además, puede utilizar pellets de la tienda para complementar la dieta de sus Blancos de Nueva Zelanda. Un pellet de Timothy con un contenido de fibra del 18% sería suficiente para un conejo adulto. Sin embargo, los pellets deben constituir una pequeña parte de su dieta, y nunca debe superar la cantidad indicada en el envase del pellet.

Puede dar a su conejo pequeñas cantidades de fruta como peras, bayas, melón y manzanas: una cucharada por cada tres libras de peso corporal.

Cría

La cría del conejo blanco de Nueva Zelanda es sencilla. Una coneja se vuelve fértil entre las 8 y las 12 semanas de edad y puede criarse entre los cinco y los ocho meses. Son fértiles durante todo el año y tienen un periodo de gestación de 28 a 35 días. Sin embargo, la mayoría de los partos tienen lugar a los 31 o 32 días.

Cuidados

Cuidar a sus conejos les mantendrá sanos y les animará a ser productivos.

Usos

El uso principal del New Zelanda White es la producción de carne. Son de crecimiento rápido y sus crías (alevines) se sacrifican a los dos meses de edad. Su pelaje se utiliza para fabricar adornos de piel en la industria de la moda. Aparte de su producción de carne y piel, el Blanco de Nueva Zelanda se utiliza para la cunicultura comercial y para criarlo como animal de compañía.

Personalidad

Los conejos de raza Blanca de Nueva Zelanda son extrovertidos y tranquilos. Conviven bien tanto con humanos como con otros conejos, por lo que son sociables. Son una buena opción como mascotas porque pueden manejarse más fácilmente que otras razas más pequeñas. Asegúrese de vigilar cuando haya niños y otras mascotas cerca de sus conejos. Los movimientos bruscos y los ruidos fuertes los estresan con facilidad. Cuando no están castrados, actúan de forma territorial.

- ## Conejos californianos

Los conejos californianos se crían por su pelaje o su carne y son adecuados como animales de compañía
https://commons.wikimedia.org/wiki/File:Californian_Rabbit.JPG

Los conejos californianos se encuentran entre los más criados comercialmente en EE. UU. Suelen criarse por su pelaje o por su carne y son adecuados como animales de compañía.

Características físicas

La raza californiana tiene un cuerpo bien redondeado y compacto y es de gran tamaño.

El conejo californiano es similar en color al himalayo, tiene las puntas coloreadas con el cuerpo blanco. Sus orejas son grandes y se mantienen erguidas. Tienen una marca marrón en la cola, las patas, las orejas y la nariz. Los conejos californianos tienen los ojos rosados y el cuello muy corto. Tienen los hombros llenos y son muy musculosos. También tienen un pelaje sedoso y suave.

El californiano adulto pesa una media de 12 libras.

Alojamiento

Los conejos californianos pueden vivir en casa o fuera de ella. Cuando elija una jaula, asegúrese de que sea ancha y larga, con espacio suficiente para saltar y brincar. Los mantendrá más sanos y felices.

Es normal que los conejos muerdan su jaula. Por eso es prudente asegurarse de que los materiales de la jaula no puedan ser rotos fácilmente por su conejo. Una jaula con un marco de metal, un fondo de plástico o una barra de metal con alambre rodeando los lados puede limpiarse fácilmente y evitará que el conejo destroce su hogar. Si su jaula tiene un diseño totalmente de alambre, asegúrese de que haya un lugar de descanso para que su conejo no se haga daño en las patas al sentarse en la base de alambre. Una zona de anidamiento integrada en la jaula serviría, ya que ayudaría a los conejos a evitar el contacto con la base de la jaula.

Alimentación

Los conejos californianos requieren una dieta con vitaminas A, D y E y fibra. Necesitan suficientes grasas y proteínas. Las hembras preñadas o lactantes y los conejos en crecimiento necesitan más proteínas que los conejos maduros.

Puede alimentar a sus conejos con agua fresca, heno de fleo en abundancia y un poco de pienso en pellets para proporcionarles los nutrientes necesarios. Un conejo californiano maduro necesita media taza de pellets al día.

Alimente a sus conejos con muchas verduras de hoja y pequeñas cantidades de carbohidratos. Algunos alimentos que puede utilizar son la achicoria, las manzanas, la pera, la col rizada, los pimientos verdes, las bayas, el brécol, el bok choy, etc.

Absténgase de dar a sus conejos californianos alimentos ricos en calorías, semillas o frutos secos, cereales, galletas y pan. Si debe dar zanahorias a su conejo, hágalo en pequeñas cantidades, ya que demasiadas zanahorias pueden causarles daño.

Cría

La coneja californiana puede criar sin ayuda humana. Este conejo tiene un periodo de gestación de 28 a 31 días. Una coneja puede parir de dos a ocho gazapos a la vez.

Cuidados

Cuidar de su conejo es vital, sobre todo si se dedica a la cunicultura comercial. Asegúrese de que la madre gestante y el macho reproductor están sanos. Revíselos regularmente y recurra siempre a los servicios de un buen veterinario mientras los cuida.

Usos

El conejo californiano se utiliza tanto por su valor peletero como para la producción de carne. Es una raza excelente para dedicarse a la producción comercial de conejos. Además, puede criarlos como conejos de exposición o como animales de compañía.

Personalidad

Los conejos californianos tienen una personalidad dócil y pueden manejarse fácilmente.

• Gigante flamenco

El gigante flamenco es la raza más grande del mundo y una de las más antiguas. Esta raza es adaptable, mansa y se cría por su carne y su pelaje.

Características físicas

Aparte de ser una de las razas más grandes del mundo, sus cuerpos son largos, con un lomo ancho y unos cuartos traseros sólidos, carnosos y bien redondeados. Aunque fuertes y musculosas, sus patas son de longitud media. Sus orejas son grandes y están colocadas en forma de V sobre la cabeza. La cabeza del Gigante de Flandes macho es más ancha e imponente que la de la hembra.

Los gigantes flamencos tienen una capa interna densa y un pelo liso de longitud media con un brillo resplandeciente. Existen muchas variedades en todo el mundo. Según la ARBA, existen siete variedades de color: Blanco, Arena, Gris claro, Gris acero, Leonado, Negro y Azul.

Los gigantes flamencos tienen un peso corporal de hasta 22 lb. Sin embargo, el peso mínimo estándar para un macho adulto es de unas 13 lb., mientras que una hembra adulta ronda las 14 lb.

Alojamiento

Debido a su tamaño, diseñe una jaula con un recinto más grande. El tamaño mínimo para su jaula es de 3 x 4 pies. Las jaulas más pequeñas les causarían estrés debido a su tamaño.

Alimentación

Como no comen en exceso, alimentarlos con pellets especiales comercializados debería bastar. Además, puede darles de comer col, zanahorias, patatas, perejil, piña, fresas, maíz, etc. Introduzca estos alimentos de uno en uno hasta que su sistema digestivo se acostumbre a ellos.

Por cada dos kilos de peso, los gigantes flamencos deben recibir de dos a cuatro tazas de verdura al día. Ponga agua fresca en su jaula a diario.

Cría

Las hembras de gigante flamenco de ocho meses tienen edad suficiente para parir a partir del día 31. El tamaño medio de sus camadas es de 5 a 12 por camada. Al ser una raza antigua de conejo domesticado, a los gigantes flamencos les resulta difícil criar con conejos salvajes debido a las diferencias en sus respectivos cromosomas.

Cuidados

Los gigantes flamencos son mansos, obedientes y pueden adaptarse a cualquier hogar. Aunque pueden considerarse mascotas, debe tenerse precaución cuando haya niños cerca de ellos porque muerden cuando se sienten amenazados o molestos.

Usos

El conejo gigante flamenco es muy conocido como animal de compañía. Además, son adecuados para la producción de carne y pelo. Esta raza es también un popular animal de exposición.

Personalidad

Aunque su aspecto y su gran tamaño pueden despistar, son gigantes gentiles. Les encanta recibir atención y son muy amistosos. Son criaturas pacíficas y ansían una vida tranquila. Esto no significa que pueda mangonearlos. Pueden arañarle o morderle si les maltrata.

Aunque desalentadora, la elección de la raza de conejos adecuada para la producción de carne es una experiencia maravillosa. Ahora ya conoce las razas adecuadas para la producción de carne y cómo obtener lo mejor de ellas. Disfrute de su viaje hacia la cría de la próxima fuente de carne del mundo.

Capítulo 3: Crear un entorno saludable

Los conejos son animales frágiles pero activos. Necesitan mantenerse sanos y cómodos. Si es nuevo en la cunicultura, hay términos que necesitará conocer. En primer lugar, la cunicultura también puede llamarse "cunicultura". La cunicultura le permite criar conejos domésticos como fuente de carne, pelo o ambos. Para criar con éxito este ganado, debe crear un espacio sano y seguro donde puedan alimentarse, respirar, anidar y reproducirse. La cría de conejos es una actividad poco complicada que requiere muy pocos materiales y recursos. Los conejos comen casi cualquier cosa nutritiva. Así que, si está entusiasmado y entusiasmada por iniciar este fructífero viaje, este capítulo le proporciona los pasos a seguir.

Descubrirá el secreto para criar sus conejos y hacerlo de forma brillante. También descubrirá el espacio necesario para la puesta en marcha, los materiales adecuados y la mejor ubicación para la cría, y aprenderá a crear y mantener un entorno higiénico. Aparte de estos elementos, también se tratarán otros factores, como la protección de sus conejos frente a los depredadores y las enfermedades.

¿Qué necesitan los conejos para tener un hogar confortable?

Los conejos necesitan espacio suficiente para saltar, brincar o correr. Pueden llegar a ser muy activos, por lo que hay que dejarles espacio para cavar, así como protección contra los depredadores y los cambios climáticos extremos. El espacio debe estar bien ventilado, completamente seco y libre de humedad. Un entorno sucio provoca enfermedades y malestar. También hay que tener en cuenta la altura de ese espacio. No querrá que sus orejas o su cabeza toquen el techo cuando estén de pie. Puede utilizar materiales específicos para construir una zona eficazmente protegida y fresca para ellos. Los conejos necesitan un lugar donde esconderse si perciben la presencia de presas, por ejemplo, serpientes, perros, zorros, pájaros carpinteros y gatos.

Los conejos necesitan espacio suficiente para saltar, brincar o correr
https://unsplash.com/photos/ygqaLPkaB2o

Para ello, cree algunos huecos acogedores en la habitación de los conejos por donde puedan escapar cuando se asusten. Los conejos pueden aburrirse fácilmente y sufrir si se les deja en el mismo lugar durante demasiado tiempo. Por ello, debe proporcionarles ejercicio con regularidad. Quizá se pregunte en qué consiste esto. Basta con dejarles salir de sus habitaciones a un espacio protegido donde puedan saltar y brincar libremente. Otro elemento vital es la zona de la cama. Los conejos pueden adaptarse fácilmente a una temperatura fría, pero eso puede llevarles tiempo si nunca antes han estado expuestos a ella. Mientras tanto, proporcióneles heno o paja sin polvo, que también es seguro para comer si deciden tomar un tentempié en cualquier momento.

Selección de los materiales adecuados para la conejera

Una conejera es una zona de nidificación construida específicamente para criar conejos. Como cunicultor, seleccionar los materiales adecuados para construir una conejera ayuda a promover un entorno saludable para el crecimiento de su conejo. Hay muchos elementos para conseguir el espacio, el tamaño y el diseño perfectos para la cría de sus conejos.

Tamaño de la conejera

Su conejera debe ser lo más grande posible. El tamaño mínimo para un área de cría de conejos no debe ser inferior a 12 pies cuadrados. Puede añadir espacio adicional con fines de ejercicio. La conejera debe diseñarse de forma que los espacios para la cama y el ejercicio estén juntos en un mismo lugar, de modo que no tenga que moverlos para que descansen, se alimenten, hagan ejercicio o excreten. En cuanto al espacio mínimo de una conejera, asegúrese de que sea de tres a cuatro veces el tamaño del conejo. También debe tener en cuenta el número de conejos que albergará.

Cuanto mayor sea el número, mayor será el espacio necesario. Por tanto, piense en la ampliación y en el futuro a la hora de planificar.

Ubicación de la conejera

La conejera puede estar tanto en el interior como en el exterior. Mire por su casa y busque zonas de armarios o alcobas sin utilizar para transformarlas en alojamiento para conejos. Asegúrese de calcular el número máximo de conejos que puede contener la conejera prevista.

Materiales de diseño

Debe buscar materiales masticables y no tóxicos cuando construya su alojamiento para conejos. A los conejos les gusta estar ocupados, especialmente con la boca, por lo que debe asegurarse de que cualquier material que se encuentre a su alcance sea al menos masticable sin causarles daño. Hay muchas opciones en las que puede fijarse cuando considere una casa decente para sus conejos.

- **Madera:** Pruebe con el pino o la madera contrachapada, que son comunes y preferibles para viviendas exteriores. Incluso cuando se ingieren, son inofensivas en comparación con el MDF, que es tóxico. Hay otras texturas de madera que puede utilizar. Por ejemplo, los listones pueden servir para cubrir los bordes de la casa, que suelen ser masticados por los conejitos. Por ejemplo, pruebe con un rodapié.

- **Plásticos:** Los plásticos son difíciles de evitarse. Una buena opción sería utilizar láminas de polipropileno, pero no es masticable. Si aún está al principio de la construcción, es preferible utilizar poco o nada de plástico para el alojamiento, ya que, al romperse, puede volverse punzante.

- **Una malla de alambres:** Para aumentar la estética, debe añadir malla. La malla no tiene por qué ser totalmente de alambre; puede acabar con algo tan sencillo como alambre de gallinero o, preferiblemente, una malla recubierta de polvo o plástico. Estos últimos no son tóxicos cuando se secan, vienen en diferentes colores y tienen buen aspecto. Puede colocarla dentro del marco de puertas y ventanas para que se ajuste mejor y evite que la mastique.

- **El suelo:** Elegir un suelo adecuado que le facilite la limpieza es su mejor opción. Los suelos duros son una opción mucho mejor, por ejemplo, los suelos de seguridad o el linóleo. Ambos son baratos y fáciles de instalar. Un suelo de seguridad tiene una textura mucho más dura que un linóleo estándar. Los encontrará sobre todo en las salas de espera de los veterinarios. Para colocarlo, aplique un adhesivo para suelos o una cinta de doble cara y colóquelo encima. Para terminar, puede aplicar un sellador alrededor de los bordes para crear el acabado perfecto. Las baldosas también son una buena opción. La única pega es que deberá evitar las baldosas brillantes y resbaladizas para que a sus conejos les resulte fácil moverse. Estos suelos deben ser fáciles de limpiar.

Determinar el espacio adecuado para cada conejo

Puede planificar muchos elementos para incluir en su recinto para conejos, pero es fácil pasar por alto la planificación del espacio. Es fácil cuando se planifica para un conejo, pero decidir para más no siempre es tan sencillo. Puede calcular mal el espacio y acabar metiendo a los pobres conejos en un espacio demasiado pequeño. El espacio mínimo necesario para un conejo depende de muchos factores:

- Tipos de raza
- Tamaño del conejo
- Peso del conejo

Calcule el tamaño de la jaula multiplicando la longitud y la anchura de la misma. Recuerde que todas las comodidades del interior de la jaula, incluidos el bebedero y la bandeja de comida, deben restarse del resultado. Si proporciona a sus conejos el espacio doméstico adecuado, tendrá la garantía de que crecerán y se desarrollarán saludablemente.

¿Cuánto espacio de casa necesitan los conejos?

La casa debe ser cómoda y fácil de recorrer. Sin embargo, el tamaño de los conejos varía, lo que debe tenerse en cuenta al planificar el tamaño de la vivienda. También varían de peso. Por ejemplo, los enanos holandeses pesan solo dos libras, frente a los gigantes flamencos de 15 libras. Asegúrese de tener en cuenta este factor. Si su conejo está aún en su fase inicial de crecimiento, deberá ajustar sus cálculos a su posible tamaño adulto. Si no está seguro de su tamaño final, puede esperar a que crezca antes de optar por una ampliación del recinto.

- Longitud mínima de la conejera

La forma mejor y más fácil de determinar la longitud de salto de su conejo es tomando una medida a partir de la nariz hasta los dedos de los pies cuando están estirados, y multiplicando esta longitud por tres. Esto le dará la longitud mínima del recinto. Por ejemplo, supongamos que mide un conejo pequeño de tres libras mientras está tumbado en el suelo y que mide 12 pulgadas; 12 pulgadas multiplicadas por tres le darían 36 pulgadas. Esto da como resultado un recinto de 3 a 4 pies de longitud, que debería ser el mínimo. Nunca debe ser más pequeño que esto porque el conejo solo crece y se alarga. Se sentirán apretados si no amplía el recinto con el tiempo.

- Altura mínima de la conejera

Así como hay que calcular la longitud de la casa de su conejo, también hay que hacerlo con la altura. No querrá crear un compartimento en el que puedan acabar haciéndose daño en la cabeza al saltar. Cuando no hay espacio suficiente para que se mantengan en pie, pueden desarrollar una deformidad de la columna vertebral. En el peor de los casos, pueden perder la flexibilidad de la columna vertebral, un riesgo mucho mayor para ellos. Dar a sus conejos al menos 2 o 3 pies de espacio vertical es tan vital como el espacio horizontal.

- Anchura mínima

La anchura debe ser igual de ancha que la longitud, incluso más, para evitar cualquier estrechez. Para medirla, tendrá que añadir unos centímetros más a la longitud ya medida de su conejo, según los ejemplos anteriores. He aquí otro ejemplo de cómo aplicar esto. Suponiendo que la longitud de su conejo sea de 14 pulgadas o 16 pulgadas como máximo, necesitaría proporcionarle suficiente espacio de maniobra que debería ser de unos 4×2 pies, lo que resulta en ocho pies cuadrados para su conejo.

Dar a sus conejos espacio suficiente para multiplicarse

¿Está pensando en aumentar la población de sus conejos? Entonces, necesitará poner algunos elementos más, como más espacio para camas, suministro de comida y más espacio para hacer ejercicio. Pensar en más espacio puede parecer abrumador, pero tendrá que empezar por algún sitio. Por ejemplo, el incremento de espacio puede depender del tamaño y peso de sus conejos. Por eso, tener un corralito es una mejor apuesta, ya que le ahorraría el estrés de una ampliación inmediata del alojamiento. Un corralito puede albergar a dos conejos de peso y tamaño muy reducidos en comparación con razas más grandes y pesadas. En este caso, necesita una ampliación lo antes posible. Los conejos crecen en un abrir y cerrar de ojos.

Los conejos crecen en un abrir y cerrar de ojos
https://unsplash.com/photos/J_cqfq9FjmU

No existe una pauta específica para saber el momento o el cálculo adecuado para ampliar su alojamiento, pero es vital comprender que cada coneja hembra puede parir de cuatro a ocho conejitos. Cuando llegue a este estado, es posible que tenga que desalojar su habitación familiar para que todos puedan sentirse como en casa y felices. La siguiente pregunta sería: "¿Cómo puedo ampliar eventualmente el alojamiento?". Para empezar, debe tener un pequeño recinto suficiente para al menos un conejo. Después, puede empezar a ampliar los recintos. Si antes no tenía una casa para conejos, entonces le resultará aún más fácil. Lo único que tendrá que hacer es seguir las pautas anteriores. Esto le proporcionará los metros cuadrados perfectos para un espacio saludable. Si este no es su caso, no se preocupe. Aún puede ampliar el espacio para obtener el resultado deseado. He aquí cómo hacerlo:

- **Amplíe el recinto:** En primer lugar, debe ampliar el tamaño de su recinto. Para ello, puede acoplar otros compartimentos, por ejemplo, un corral de ejercicios. Puede probarlo incluso sin cambiar por completo su hogar.

- **Aproveche los espacios bajo los muebles:** Si vive en una casa o apartamento pequeño, puede utilizar el espacio bajo sus muebles para el recinto del conejo, creando más espacio vertical para compensar la pequeña longitud de la zona. Un buen ejemplo de mueble a utilizar sería debajo de su mesa de comedor.

- **Más espacio vertical:** Si es probable que sus conejos salten y brinquen con frecuencia, entonces sería prudente crear más plataformas verticales para darles más espacio para moverse.

- **Deambular libremente:** No necesitará contener a su conejo durante más tiempo si considera que está suficientemente adiestrado. Puede sellar todas las salidas para evitar que se escapen y dejar que se muevan un poco.

Crear espacio para la alimentación, el nido y la gestión de residuos

El hogar de un conejo es su entorno. Es mucho más que el lugar donde come, duerme o hace ejercicio. Cualquier lugar y cualquier cosa a la que pueda acceder puede clasificarse como entorno hogareño. Como ya se ha dicho, también contiene las comodidades necesarias para su supervivencia, como lecho, bandejas para la comida, heno o paja. Debe haber una ventilación adecuada y protección contra los depredadores. Un hogar adecuado para conejos en reposo debe contener al menos un 50% de lo siguiente:

- Comida y agua sin interrupciones.
- Un lugar para descansar y estar cómodo.
- Un lugar para hacer ejercicio y explorar con seguridad.
- Un lugar para esconderse cuando se asuste.
- Un espacio para masticar lo que sea y cuando sea.
- Un lugar de escape para relacionarse con los compañeros.
- Un lugar para resguardarse de cualquier cambio de temperatura.

El área de descanso de un conejo puede ampliarse a diferentes segmentos. Como ya se ha mencionado, uno sería una habitación cubierta y oscura para dormir lejos del ruido y el otro para comer y relajarse. Todos los espacios deben estar secos y libres de humedad para evitar una mala ventilación.

Alojamiento y gestión de residuos

¿Cuál es una zona de aseo adecuada para sus conejos? Los conejos necesitan tener acceso a un lugar de aseo regular. Para ello, puede proporcionarles bandejas forradas de paja, heno o periódicos. La boca de un conejo está constantemente ocupada con la comida, por lo que puede estar seguro de que expulsarán muchos desechos. Asegúrese de que la zona de aseo está separada de la zona de dormir. El heno y las bandejas utilizadas en las zonas de aseo no deben ser de material tóxico. Además, es esencial hacer un buen uso del alambre para el alojamiento y aplicar suelos sólidos para una limpieza fácil y regular.

La zona de la cama debe contar con un aislante adicional para los climas más fríos. No es aconsejable utilizar estanterías de madera como material de cama, y la zona de ejercicio no puede pasarse por alto. Aún quedan elementos por mencionar. Por ejemplo:

- Los conejos deben tener acceso a un lugar para correr a diario.
- La zona de ejercicio debe contener espacios elevados para saltar. Este espacio debe estar al aire libre.
- Debe estar suficientemente asegurado para evitar la entrada de depredadores.
- Si es posible, puede cambiarse de lugar de vez en cuando para evitar que escarben o pacen en exceso.
- Proporcione una cubierta o sombra para los días ventosos o lluviosos.
- Debe haber espacio suficiente para que todos los conejos puedan estar juntos o solos en un mismo lugar.

Consejos y estrategias para el mantenimiento de la conejera

Limpieza

La higiene es necesaria para la salud de sus conejos. Usted desea mantener el estado y el entorno en el que viven para prevenir enfermedades o dolencias. He aquí algunos factores que pueden ayudarle:

- La zona donde duermen los conejos debe limpiarse a fondo a diario. Para ello, retire las estanterías o zonas de cama húmedas o sucias y retire la comida estropeada o vieja.

- Toda la zona de estar, interior y exterior, debe limpiarse al menos una vez a la semana. Esto debe hacerse para mantener un entorno limpio e higiénico para sus conejos.

- Si es posible, utilice un desinfectante suave apto para mascotas. Al igual que un conejo es frágil físicamente, su inmunidad es igual de frágil.

Regulación de la temperatura

- La mayoría de los conejos sanos se aclimatan a un entorno exterior. Pueden soportar cualquier diferencia de temperatura siempre que se les proporcione una buena alimentación nutritiva y un buen alojamiento.

- Los conejos acostumbrados a un alojamiento interior no deben colocarse repentinamente en el exterior cuando hace frío. Si quiere que su conejo se mantenga vivo durante el invierno, debe exponerlo antes gradualmente al interior.

- Los conejos viejos o muy jóvenes nunca deben salir al exterior porque no pueden tolerar grandes diferencias de temperatura de golpe.

- Ciertas temperaturas siguen considerándose excesivas incluso para un conejo adulto sano, por ejemplo, 20 grados Fahrenheit.

Crear un entorno de vida adecuado y saludable para sus conejos requiere estudio y medidas. Si desea criar una conejera con fines domésticos, debe tener en cuenta ciertos factores. La cría de conejos puede ser lo suficientemente fructífera como para proporcionar unos ingresos rentables y llenos de recursos a un granjero. También es una buena fuente de carne proteica de calidad. El arte de criar conejos para carne se conoce como cunicultura y, para empezar a criar, necesita una buena ubicación con una buena fuente de pastos, preferiblemente lejos de una zona residencial, pero lo suficientemente cerca de un entorno comercial. No tiene por qué empezar a gran escala. Puede empezar poco a poco y aumentar gradualmente su número a partir de ahí.

Elija un lugar con un transporte adecuado cerca. Aparte de esto, sus conejos deben gozar de buena salud, por lo que es necesario crear suficiente espacio para el crecimiento y el ejercicio, donde se pueda regular fácilmente el cambio de temperatura. Con todo esto en su sitio, estará bien encaminado hacia un negocio de cunicultura rentable.

Capítulo 4: Comprender las necesidades nutricionales de sus conejos

Si se ha adentrado en la madriguera del conejo buscando el plan de alimentación perfecto para sus conejos, es probable que ahora también esté confuso y un poco perdido. Algunas personas afirman que las verduras y los vegetales son todo lo que los conejos necesitan para sobrevivir, mientras que otras desaconsejan alimentar a los conejos con demasiadas cosas verdes. Luego están las personas que juran por la alimentación con pellets y consideran que los pellets son la única respuesta al sustento de los conejos. El heno también se considera una fuente de alimento adecuada para sus conejos. Todas estas opiniones y opciones bastan para que cualquiera se sienta confuso.

En medio de esta sobrecarga nutricional, usted se encuentra desempeñando el papel de detective de la dieta de los conejos, calculando cuidadosamente el equilibrio perfecto de verduras, pellets y heno. Sin embargo, la cuestión es que no existe un plan de alimentación perfecto que se adapte a las necesidades de todos los conejos, aunque sí hay una selección general de alimentos nutritivos que puede seguir. Aunque cada conejo tiene sus propias preferencias, algunas opciones dietéticas son preferibles a otras para los conejos de carne.

Tipos de pienso para conejos

Cuando piense en qué dar de comer a sus conejos, es buena idea que tenga en cuenta sus conocimientos. Supongamos que no es un experto en nutrición o que no quiere sumergirse en los entresijos de la formulación de raciones. En ese caso, puede seguir un camino sencillo. Empiece con pellets comerciales para conejos, ya que son una comida estándar fiable. A medida que se sienta más cómodo, puede probar las otras opciones de alimentación. Recuerde que, cuando se trata de alimentar a sus conejos, hacer los deberes es imprescindible. No asuma que porque los conejos silvestres comen hierba, sus conejos de carne pueden sobrevivir con el mismo menú. No les dé de comer cualquier cosa porque algunos vegetales pueden ser muy tóxicos para ellos.

Por otra parte, el coste de la comida para conejos sigue subiendo (y no hay señales de que vaya a disminuir pronto), lo que puede hacer que la idea de cultivar su propia comida para conejos suene atractiva. Sin embargo, inténtelo solo si puede ser constante con el proceso. De lo contrario, no será más que un montón de desperdicios.

Aunque cada conejo tiene sus propias preferencias, algunas opciones de dieta son preferibles a otras para los conejos de carne
https://unsplash.com/photos/sodF0c8xm-0

1. Pellets

Si busca una opción rápida, fácil y equilibrada, opte por los pellets orgánicos o no orgánicos de buena calidad, ya que son una apuesta segura. Si alguna vez ha pensado en hacer su propia comida para conejos desde cero, le advertimos de que no es tan sencillo como parece, dados todos los diferentes factores que debe tener en cuenta. Si busca una vía sin complicaciones, los pellets son la solución. Con el tiempo, podrá introducir gradualmente alimentos frescos en la mezcla. De este modo, podría incluso ahorrar algo de dinero mezclando los pellets con malas hierbas o añadiendo verduras extra de su jardín. Si desea criar a sus conejitos con una dieta basada principalmente en verduras frescas, asegúrese de que la raza que elija puede soportar este tipo de dieta. Otra posibilidad es que se ponga en contacto con alguien que ya esté criando conejos y adore sus comidas de hoja. Los pellets son como la comida soñada de un conejo porque están perfectamente formulados y equilibrados para satisfacer todas sus necesidades nutricionales. Es un festín hecho a medida de vitaminas y minerales esenciales, todo diseñado para mantener a los conejos sanos y felices.

Alternativas al pienso en gránulos

También puede alimentar a los conejos con lo que cultive en su jardín o recoja de los pastos. La alegría de saber que está proporcionando algo enteramente cultivado en casa puede ser muy satisfactoria. Sin embargo, es esencial asegurarse de que sus conejos reciben una dieta completa para su bienestar. Dada la creciente fascinación por alejarse de los piensos en pellets y la tendencia a elegir alimentos naturales y de cosecha propia para sus conejos de carne, he aquí algunas alternativas de alimentación adecuadas para ellos:

1. Heno

Los conejos necesitan un alto contenido en fibra en la mayor parte de su dieta. Esto puede satisfacerse alimentándolos con heno. El ingrediente básico de sus comidas debe ser el heno de hierba de calidad. Busque un heno que esté limpio, libre de polvo y moho, y que tenga suficientes proteínas para mantener sus sistemas funcionando sin problemas. El heno de hierba es la mejor elección. Está repleto de fibra, que hace maravillas para su digestión. Asegúrese de evitar el heno de alfalfa puro, aunque mucha gente piense lo contrario. Por ejemplo, la alfalfa no es hierba; es una leguminosa con la que se alimenta a los animales para aumentar su ingesta de proteínas. Aunque la proteína vegetal se considera buena para los conejos, la alfalfa contiene un exceso de calcio, lo que no es favorable para sus conejos. De hecho, puede dar lugar a una orina concentrada que provoque cálculos renales, algo que usted desea evitar bajo cualquier circunstancia. También puede probar otras opciones de heno, como la hierba Timothy o el heno de caballo de alta calidad. Si desea utilizar alfalfa, puede combinarla con hierba para equilibrar los nutrientes. La hierba de avena es una buena opción para esto, que se puede encontrar fácilmente en las tiendas de suministros de piensos para caballos.

2. Verdes

La mayoría de los dibujos animados muestran a conejos comiendo zanahorias y otras verduras, pero ¿sabía que muchas de estas verduras no son buenas para sus conejos? De hecho, hay algunas verduras de las que debería mantenerse alejado. Por ejemplo, la lechuga Iceberg, aunque a los conejos les encanta comerla, es, de hecho, tóxica para ellos. Es demasiado acuosa y puede provocarles malestar estomacal y deposiciones desordenadas. En su lugar, opte por verduras de hoja verde y oscura como la col rizada y la lechuga de hoja. Estas rebosan vitamina A y otros nutrientes. Un consejo para recordar es que una vez que las verduras empiezan a parecer viejas, pueden convertirse en un desastre fermentativo. Limítese a las frescas y ofrezca solo lo que su conejito pueda terminar en unos 15 minutos. Otras verduras adecuadas para sus conejos son las hojas de rábano, las hojas de girasol, las hojas y raíces de remolacha, las hojas de zanahoria, el eneldo, la menta, la consuelda y otras. Estas son las verduras que sus conejos pueden comer con gusto.

3. Golosinas

Las golosinas como las zanahorias, la fruta y los alimentos ricos en almidón están repletas de azúcar. Siempre debe dar estas golosinas en cantidades muy pequeñas. ¿Por qué la precaución? Bueno, los altos niveles de azúcar pueden alterar la salud intestinal de su conejo y causarle problemas digestivos.

4. Advertencias sobre la comida para conejos

Debe saber que los conejos salvajes pueden masticar casi cualquier cosa. Sin embargo, sus conejos domésticos, o incluso los conejos criados para carne, no pueden hacer lo mismo. Pertenecen a especies diferentes. Aunque tienen algunas preferencias alimentarias comunes, no comen necesariamente las mismas cosas. Cuando los conejos salvajes están fuera de casa, mordisquean el forraje fresco allí donde crece. Pero no es lo mismo cuando se trata de sus conejos domésticos. Verter un montón de restos vegetales de restaurante en sus corrales no es una buena idea. Aunque su conejo sea herbívoro, es una medida que acabará lamentando. En primer lugar, no obtendrán la nutrición adecuada y, en segundo lugar, esos restos acabarán marchitándose y fermentando en el suelo del corral, atrayendo moscas y causando un desastre. Y esos recortes de jardín que había pensado darles son demasiado delicados y ya habrán empezado a marchitarse cuando lleguen al cuenco de su conejito. Recuerde, lo que funciona para los conejos salvajes no siempre es apto para sus congéneres domésticos.

5. Heno de alfalfa y avena arrollada

Una idea sencilla de pienso alternativo es utilizar una mezcla de heno de alfalfa y avena arrollada. A los conejos les suele encantar esta combinación y la prefieren al heno normal. Sin embargo, como ya se ha comentado, el heno de alfalfa tiene una cantidad considerable de proteínas y calcio. Por lo tanto, si decide optar por la alfalfa, debe combinarla con avena arrollada para que sus conejos reciban algo más de fósforo, que ayuda a equilibrar los altos niveles de calcio de la alfalfa.

6. Avena y/o cebada

Considere la avena y/o la cebada como una opción sólida. Hacen maravillas, sobre todo para los cachorros en crecimiento que acaban de empezar a explorar el mundo de la alimentación más allá de la leche. Para los pequeños recién destetados, estos granos son suaves para sus estómagos y fáciles de digerir. Una buena opción es mantener un cuenco separado de avena dentro de la jaula para las crías. Al elegir las categorías de avena y cebada, opte por las opciones sin cortar y sin enrollar, ya que son las más adecuadas para los principiantes.

7. Semillas de girasol con aceite negro

Encontrará estas semillas en la sección de piensos para pájaros, y aunque se suelen utilizar para alimentar a las aves, también funcionan como magia en el pelaje de los conejos. Si quiere dar a sus conejos un aspecto deslumbrante, considere la posibilidad de darles una cucharadita de BOSS cada día.

8. Alfalfa o cubitos de heno

En lugar de dar a sus conejos heno en bruto, pruebe los cubos de heno. Estos pequeños bloques comprimidos están hechos de alfalfa o heno. No son simples cubitos, sino que están infusionados con melaza y empaquetados apretadamente. Son como una golosina masticable que sus conejos pueden roer, y eso es importante porque los dientes de los conejos nunca dejan de crecer. Puede encontrar bolsas de estos cubos en una tienda de piensos para conejos, o si prefiere los más grandes, siempre puede dirigirse a la tienda o sección de piensos para caballos. Estos últimos le resultarán más económicos y también son útiles para la salud dental de su conejo.

9. Maná para terneros

Esto es algo que destaca entre la multitud. *Calf Manna* no es solo un nombre; es una marca de suplemento que hace maravillas. Está especialmente elaborado para potenciar la producción de leche en diversos animales. Si tiene una coneja preñada o lactante, darle un par de cucharaditas de *Calf Manna* cada día puede suponer una gran diferencia. Es especialmente bueno para las conejas de razas de carne que suelen tener camadas bastante numerosas. Asegurándose de que su coneja mamá recibe su Maná para terneros, la estará ayudando a proporcionar suficiente leche a sus gazapos y asegurándose de que se mantiene en plena forma durante el embarazo y la lactancia. Este inteligente movimiento podría incluso permitirle criarla antes para otra ronda de gazapos.

10. Fruta seca o fresca

Tanto las variedades de fruta seca como fresca son estupendas para los conejos. Estas coloridas golosinas pueden añadir un poco de emoción a la dieta de su conejo. Sin embargo, aunque son un agradable capricho ocasional, es importante no abusar. Además, muchas de estas frutas tratan problemas específicos. Por ejemplo, las piñas pueden ayudar si su conejo sufre un ataque de "bloqueo de pelo". Esto ocurre cuando los conejos ingieren demasiado de su propio pelaje, provocando un bloqueo en su sistema digestivo. Y luego está la papaya: no solo es sabrosa, sino que también puede tener un propósito práctico. Si nota que la orina de su conejo tiene un olor fuerte, la papaya puede ayudar a reducirlo.

11. Hierbas, recortes de césped y de arbustos

Algunos piensos naturales para sus conejos incluyen malas hierbas, recortes de césped y recortes de arbustos. En realidad, éstos pueden ser muy útiles para sus conejos. La verdura no solo incluye las hortalizas con las que puede alimentar a sus conejos, sino también la hierba, las malas hierbas, los recortes de césped e incluso las hojas. Solo asegúrese de que están en la lista de alimentos seguros. Algunas de las buenas opciones de plantas silvestres son la consuelda, la pamplina, el perejil de vaca, los muelles, la espadaña, el diente de león, el llantén, la bolsa de pastor, el cardo cerda y el berro. Puede consultar una lista segura en Internet.

Los dientes de león son como un caramelo para los conejos: les gustan tanto que puede que usted se convierta en agricultor de dientes de león en su propio jardín. La hierba recién cortada es otra ganadora a sus ojos. Mucha gente instala una pequeña zona de juegos para conejos con vallas de alambre o utiliza una jaula para perros para dejar que sus conejos deambulen y mordisqueen estas golosinas naturales mientras ordenan sus espacios vitales. Es una situación en la que todos salen ganando, pero extreme las precauciones para asegurarse de que no hay malas hierbas tóxicas a su alcance.

Desglose de nutrientes

La dieta de su conejo debe tener una combinación de nutrientes para garantizar que pueda crecer de la forma más eficaz.

• Hidratos de carbono

Piense en ellos como potenciadores de la energía. Los conejos pueden equilibrar su propia dieta - masticarán más si su nivel de energía es bajo y menos si es alto, pero demasiada energía (léase: carbohidratos) puede en realidad ralentizar su digestión. Así pues, vaya con cuidado y encuentre el equilibrio adecuado.

• Fibra

La fibra es la mejor amiga del conejo. Los conejos salvajes comen montones de ella, y aunque los conejos jóvenes necesitan un poco menos, sigue siendo superimportante. Cuando alimente a sus conejos adultos, lo mejor es que su comida contenga al menos un 25% de fibra. Así que busque los que tengan mayor contenido en fibra.

• Minerales

Los alimentos para conejos comentados anteriormente suelen contener todos los minerales necesarios para una dieta sana, excepto el cobalto. Es el componente que falta y que usted debe suplir de otra forma.

• Vitaminas

Sus conejos tienen algunas bacterias amigas en sus intestinos: el complejo vitamínico B y la vitamina C, lo que también significa que necesitan obtener las vitaminas A, D y E de su dieta. Por tanto, asegúrese de que estas vitaminas están incluidas en su mezcla de pellets.

Tenga en cuenta que la moderación es la clave. No se exceda con la comida. Alimente a sus conejos unas dos veces al día para mantener su ingesta equilibrada. Sin embargo, manténgase alejado de los alimentos fermentados y agrios, ya que pueden crear problemas. Si prefiere utilizar comida en pellets para sus conejos, vigile su peso porque pueden engordar demasiado rápido, algo que querrá evitar.

Equilibrar la dieta

Los conejos tienen necesidades dietéticas únicas, y conseguir el equilibrio adecuado de nutrientes es vital para que sigan prosperando. La mejor forma de conseguirlo es combinar las distintas fuentes de alimento. Puede empezar con piensos para conejos producidos comercialmente, es decir, pellets. Estos piensos especialmente formulados son una mina de oro nutricional diseñada para satisfacer las necesidades dietéticas de sus conejos. Aunque la idea de elaborar su propia mezcla es tentadora, se trata de una especie de cuerda floja nutricional, y encontrar ese equilibrio perfecto puede ser todo un reto. Por eso, apoyarse en la experiencia de los piensos comerciales es una elección inteligente.

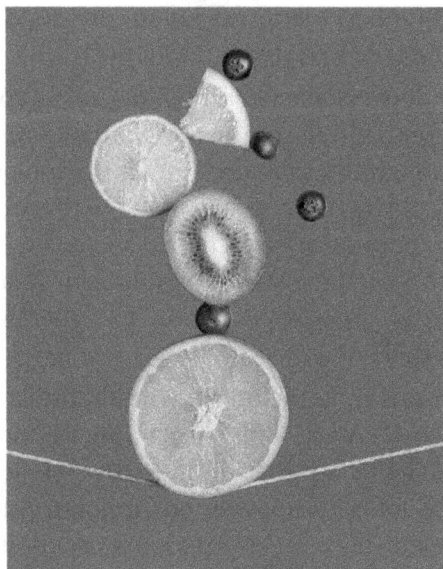

Los conejos tienen necesidades dietéticas únicas, y conseguir el equilibrio adecuado de nutrientes es clave para que sigan prosperando

Photo by JJ Jordan: https://www.pexels.com/photo/fruit-slices-balancing-on-a-line-7465042/

Luego están las proteínas, un elemento clave en la dieta de su conejo. Los piensos comerciales suelen ofrecer niveles de proteína que oscilan entre el 14 y el 18 por ciento. Para los conejos criados con vistas a la producción de carne, una dieta rica en proteínas (alrededor del 16 al 18 por ciento) puede ser un acelerador del crecimiento. Mantenga el pienso fresco y seco para evitar el crecimiento indeseado de moho. La circulación de aire debe ser adecuada, y asegúrese de no dejar el pienso abierto y accesible a roedores furtivos. Manténgalo protegido en recipientes a prueba de mordiscos.

Además, debe incorporar heno a la dieta de su conejo, ya que no solo complementa su alimentación, sino que le mantiene ocupado y le ayuda a mantener su salud dental. Hay una gran variedad de tipos de heno entre los que elegir; su elección debe ajustarse a las necesidades dietéticas de sus conejos. Por ejemplo, si les suministra pellets bajos en proteínas, considere equilibrarlo con heno de alfalfa alto en proteínas.

Pautas de alimentación

La cantidad de alimento que necesitan sus conejos no es algo único. Cada conejo tiene necesidades nutricionales diferentes, especialmente cuando se caracteriza por ser joven o adulto. También depende de las condiciones de vida del conejo la cantidad de comida que debe dársele. Por ejemplo, cuando hace frío, necesitan un poco más de comida, mientras que en verano se les puede dar menos.

También puede decidir cuánta comida dar a sus conejos vigilando su peso. Si parecen demasiado flacos, necesitan más comida, y viceversa. Es prudente vigilar sus raciones cuando se trata de conejos adultos que no están criando. El objetivo es evitar conejos regordetes: demasiada esponjosidad puede perjudicar su fertilidad y convertirlos en teleadictos. Por término medio, los conejos adultos mastican unas cuatro onzas de comida al día. Si tiene conejos pequeños, necesitarán unas ocho onzas para seguir el ritmo de la crianza.

Para las razas carnosas, la ración de comida oscila entre 1/2 y 1 taza diaria, pero varía de un conejo a otro, igual que sus propias preferencias alimentarias. Ahora bien, aquí es donde entra el debate. Las conejas preñadas o lactantes y los gazapos en crecimiento pueden disfrutar del lujo de la alimentación libre, y los criadores asentirán con la cabeza o compartirán cejas levantadas. Más proteínas se traducen a menudo en un crecimiento más rápido y en conejos más grandes, pero la cuestión de la alimentación libre es un acto de equilibrio.

Qué hacer si un conejo deja de comer

Cuando el apetito de su conejo da un rodeo, su primer instinto puede ser ofrecerle algunas golosinas familiares o verduras que haya disfrutado en el pasado. Parece una solución rápida para que vuelvan a mordisquear. Sin embargo, estas golosinas a veces pueden avivar el fuego, provocando problemas en su sistema digestivo y dando lugar a deposiciones blandas. En su lugar, debe utilizar un enfoque diferente. Ofrézcales una ración de heno de hierba bueno y limpio, ya que es como un bálsamo calmante para sus estómagos revueltos. Otra opción en el menú es la avena arrollada, una opción rica en fibra que es suave para el tracto digestivo y una delicia para sus papilas gustativas.

Hablando de lo esencial, no olvide el suministro de agua. Los conejos necesitan agua fresca y limpia. Eche un vistazo rápido a la botella de agua o al conducto de agua para eliminar cualquier obstrucción. Los conejos pueden ser un poco quisquillosos, y no son de los que esperan para beber. Sin agua, pueden deshidratarse rápidamente, y eso no es bueno para su apetito. Si su conejo sigue sin comer, compruebe sus excrementos. Si parecen un poco líquidas, su dieta necesita más alimento rico en fibra.

En conclusión, la dieta de un conejo controla muchas cosas, especialmente cuando los cría para carne. Este equilibrio dietético no consiste solo en llenar barrigas. Es un requisito para su crecimiento y su capacidad de cría. Piense en ello como un delicado equilibrio en el que la mezcla adecuada de nutrientes alimenta su desarrollo, asegurando que esos jóvenes cachorros alcancen todo su potencial. Y no se trata solo de las ganancias físicas. La dieta del conejo puede influir en su comportamiento, en sus niveles de energía e incluso en su capacidad reproductora. Tenga en cuenta que siempre que retoque el menú de sus conejos, hágalo despacio. Los cambios rápidos pueden acarrear problemas, y usted definitivamente no quiere eso. Recuerde darles mucha agua -no solo un sorbo- ya que la necesitan en abundancia.

Capítulo 5: Prevenir y tratar los problemas de salud

Los conejos pueden desarrollar problemas de salud, enfermedades y trastornos con la misma facilidad que cualquier otro animal. Al criar conejos para carne, cuidar de que su grupo de conejitos esté sano y próspero forma parte del trato. Conocer las enfermedades y trastornos más comunes puede facilitar el tratamiento de estos problemas de salud y evitar que se repitan. Este capítulo ofrece una visión general de las enfermedades comunes que pueden desarrollar los conejos, pautas para su prevención, protocolos de tratamiento y todo lo que necesita saber para mantenerlos sanos.

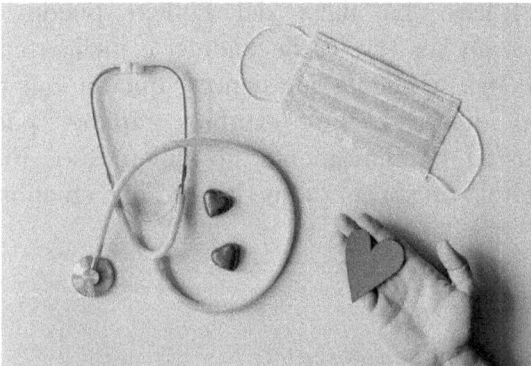

Al criar conejos para carne, cuidar de que su grupo de conejitos esté sano y próspero forma parte del trato

Problemas de salud comunes de los conejos

Un conejo puede vivir y reproducirse durante al menos ocho años si se le alimenta y cuida adecuadamente. Sin embargo, hay varias enfermedades comunes que los conejos pueden desarrollar a medida que envejecen. He aquí algunas afecciones comunes con las que debe familiarizarse.

Infecciones de las vías respiratorias

A diferencia de los humanos, los conejos solo pueden respirar por la nariz. Como la nariz es el único orificio de los conejos para respirar, los microorganismos transportados por el aire y las sustancias químicas nocivas pueden entrar fácilmente e infectar el sistema respiratorio. Aunque disponen de un sistema inmunitario capaz de rechazar los organismos nocivos y descomponer las sustancias químicas tóxicas, una exposición grave o prolongada puede acabar provocando una infección.

Los conejos con enfermedades respiratorias estornudarán repetidamente y su respiración será dificultosa. Estos signos se asocian a infecciones de las vías respiratorias altas. También se producen infecciones de las vías respiratorias bajas, en las que puede oírse un sonido sibilante añadido cuando se escucha de cerca.

Estasis GI (estasis gastrointestinal)

La estasis GI se produce cuando el sistema digestivo de un conejo deja de funcionar o se ralentiza, interrumpiendo el movimiento normal de la comida y los desechos a través del intestino. Esto puede deberse a una dieta pobre en fibra, deshidratación, estrés u otros problemas de salud subyacentes. Sin un movimiento adecuado de los alimentos, el intestino se compacta y provoca una dolorosa acumulación de gases, hinchazón y malestar. Los síntomas incluyen una reducción del apetito, bolitas fecales más pequeñas o inexistentes, letargo, una postura encorvada y, a veces, un vientre visiblemente distendido. La estasis gastrointestinal puede ser grave e incluso mortal si no se atiende con prontitud. Esté atento a los cambios en el apetito. Una disminución repentina de la ingesta o la reticencia a comer heno y verduras frescas puede ser una señal.

Las dos medidas fundamentales que debe vigilar son la monitorización de la producción fecal, buscando bolitas fecales más pequeñas, en menor cantidad o de forma anormal, y la observación de la postura. Una postura encorvada o sentarse en posición estirada es un signo de GI.

Problemas dentales

Los dientes de los conejos crecen continuamente y, si se desalinean o crecen en exceso, pueden provocar diversos problemas dentales. Unos dientes demasiado grandes pueden causar dolor, lesiones en las mejillas y la lengua, dificultad para comer y pérdida de peso. Los espolones dentales, puntas afiladas que se desarrollan en los dientes, también pueden causar molestias. Estos problemas suelen derivarse de la genética o de una dieta inadecuada carente de fibra suficiente para desgastar los dientes de forma natural. Si su conejo deja caer la comida, mastica con un lado de la boca o evita ciertos alimentos, podría indicar problemas dentales. Asimismo, una salivación excesiva puede ser señal de dolor bucal.

Infecciones respiratorias

Las infecciones respiratorias están causadas por bacterias como la *Pasteurella multocida*. Los síntomas son secreción nasal, estornudos, tos, respiración dificultosa y conjuntivitis (inflamación del revestimiento del ojo). El estrés, la mala ventilación y las condiciones de vida hacinadas pueden aumentar la probabilidad de problemas respiratorios. Durante los controles periódicos, observe el patrón respiratorio de su conejo. Una respiración rápida, dificultosa o ruidosa puede indicar un problema respiratorio. En caso de infección respiratoria, también observará secreciones claras o turbias por la nariz.

Pasteurelosis

La pasteurelosis está causada por la bacteria *Pasteurella multocida*. A menudo se manifiesta como una infección de las vías respiratorias altas con síntomas como estornudos, secreción nasal y secreción ocular. Sin embargo, también puede dar lugar a afecciones más graves como abscesos (hinchazones localizadas llenas de pus), sobre todo alrededor de la zona de la cabeza y el cuello. Los conejos con sistemas inmunitarios debilitados son más susceptibles a la pasteurelosis. Compruebe siempre si hay hinchazones alrededor de la región de la cabeza y el cuello que puedan indicar la presencia de abscesos.

Ácaros del oído

Los ácaros de las orejas son diminutos parásitos que infestan las orejas de los conejos, causándoles irritación, picor e inflamación. Los conejos con ácaros del oído pueden rascarse excesivamente las orejas, inclinar la cabeza y mostrar signos de incomodidad. Si no se tratan, las infestaciones por ácaros del oído pueden provocar infecciones bacterianas secundarias y hematomas auriculares (hinchazón llena de sangre en el pabellón de la oreja). Compruebe regularmente si los conejos se rascan las orejas, si presentan enrojecimiento e hinchazón alrededor de la zona que cubre las orejas.

Mixomatosis

La mixomatosis es una enfermedad vírica que suele propagarse por picaduras de insectos. Provoca hinchazón y secreciones alrededor de los ojos, las orejas y los genitales. El virus debilita el sistema inmunitario del conejo, dejándolo vulnerable a infecciones bacterianas secundarias. La enfermedad progresa rápidamente y puede ser mortal en una o dos semanas. Preste atención a la hinchazón facial, ya que los ojos, las orejas y la cara hinchados son signos característicos. Además, esté atento a las secreciones acuosas o con pus de los ojos, la nariz o los genitales.

Enfermedad hemorrágica del conejo (RHD)

La RHD es una enfermedad vírica muy contagiosa que afecta principalmente al hígado y a los vasos sanguíneos. Puede provocar la muerte súbita o hemorragias internas, causando secreciones sanguinolentas por la nariz, la boca o el recto. Existen diferentes cepas de RHD y su gravedad puede variar. Esta enfermedad supone un riesgo importante para los conejos no vacunados. Esté atento a la muerte súbita, ya que los conejos afectados por la RHD pueden morir repentinamente sin signos de enfermedad. También debe buscar hemorragias por la nariz, la boca o el recto, y si observa secreciones sanguinolentas, busque inmediatamente ayuda veterinaria.

Infección por E. cuniculi

El *Encephalitozoon cuniculi* es un microorganismo que causa problemas neurológicos en los conejos. Suele afectar al cerebro y los riñones. Los conejos infectados mostrarán síntomas como cabeza ladeada, convulsiones, incoordinación y problemas urinarios. La infección puede ser difícil de tratar, dando lugar a problemas de salud más crónicos. En caso de infección, habrá inclinación persistente de la cabeza o movimientos en círculos y dificultad para caminar.

Tumores uterinos

Las conejas hembras que no han sido esterilizadas corren el riesgo de desarrollar tumores uterinos, en particular adenocarcinomas. Estos tumores provocan desequilibrios hormonales, infecciones uterinas y dolor. Esterilizar a las conejas hembras a una edad temprana reducirá significativamente el riesgo de problemas uterinos. La hinchazón de la zona abdominal y el rechinar de dientes son algunos signos comunes que indican problemas uterinos en las hembras de conejo.

Afecciones cutáneas

Los conejos pueden desarrollar diversos problemas cutáneos, como los ácaros del pelaje, que provocan picores y caída del pelo. La tiña, una infección por hongos, provoca zonas circulares de pérdida de pelo e inflamación de la piel. Los abscesos son hinchazones llenas de pus que aparecen en cualquier parte del cuerpo y suelen estar causados por infecciones bacterianas. La pérdida de zonas de pelo y el rascado frecuente indican la posibilidad de una infección cutánea subyacente.

Obesidad

La sobrealimentación y una dieta rica en carbohidratos conducen a la obesidad. La obesidad puede provocar problemas articulares, dificultades respiratorias y una menor calidad de vida. Es esencial vigilar la dieta del conejo y proporcionarle muchas oportunidades de hacer ejercicio. Evalúe regularmente la forma corporal y el peso de su conejo. Los conejos con sobrepeso suelen tener un aspecto redondeado y abultado.

Consejos sobre cuidados preventivos

Los cuidados preventivos son esenciales para mantener sanos a los conejos y minimizar el riesgo de enfermedades comunes. He aquí algunos consejos vitales para proporcionar los mejores cuidados preventivos a su conejo.

Dieta adecuada

Sus conejos deben recibir alimentos frescos, higiénicos y de calidad, compatibles con sus estómagos. Algunas recomendaciones son

Heno

Los conejos deben tener acceso a hierba de alta calidad en todo momento. Los tipos de heno más adecuados para los conejos son el Timothy, el de pradera y el de huerta. La fibra esencial del heno favorece la salud al ayudar a los conejos a digerir mejor los alimentos.

Los conejos deben tener acceso a hierba de alta calidad en todo momento
https://www.pexels.com/photo/agriculture-arable-bale-countryside-289334/

Verduras frescas

Ofrezca diariamente una variedad de verduras frescas aptas para conejos, como verduras de hoja verde (col rizada, lechuga romana, perejil) y cantidades limitadas de otras verduras como zanahorias y pimientos.

Pellets limitados

Aunque puede encontrar diversas variedades de pellets en el mercado, estas paletas nunca pueden utilizarse para sustituir a otros alimentos. Puede alimentar a los conejos con paletas ricas en fibra y bajas en calcio en cantidades limitadas.

Agua

Los conejos deben tener siempre acceso a agua fresca y limpia en todo momento. No mantener el agua limpia aumenta las posibilidades de enfermedades transmisibles en la madriguera.

Ejercicio regular

Permita que sus conejos tengan acceso seguro a un espacio más amplio para ejercitarse y explorar, como una habitación a prueba de conejos o un corral de ejercicio. Puede proporcionarles juguetes como cajas de cartón, túneles y juguetes masticables seguros para mantener a sus conejos mental y físicamente activos.

Condiciones higiénicas de alojamiento

Limpie regularmente el espacio vital de su conejo para evitar la acumulación de desechos y microorganismos nocivos. Un entorno limpio favorece la buena salud y previene el desarrollo y la transmisión de enfermedades. Sorprendentemente, sus conejos también pueden aprender a hacer sus necesidades, lo que facilita la limpieza. Dependiendo de la raza, los conejos pueden necesitar cepillados regulares para evitar la estera y eliminar el pelo suelto. Las especies de conejos de pelaje largo requerirán un cepillado diario, mientras que los conejos de pelo corto no necesitan mucha atención. Por último, al menos una vez al mes, recorte las uñas de su conejo para evitar el crecimiento excesivo y las molestias. Tenga cuidado de no cortarlas nunca por debajo de la raja.

Revisiones veterinarias regulares

Busque un veterinario con experiencia en conejos y programe revisiones regulares para detectar a tiempo cualquier problema de salud. Mantenga al día las vacunas, incluidas las de la enfermedad hemorrágica del conejo (EHC) y la mixomatosis.

A prueba de conejos

Haga que su casa sea segura asegurando los cables, retirando las plantas tóxicas y bloqueando el acceso a las zonas peligrosas.

Interacción social

Los conejos son animales sociales. Dedique tiempo a interactuar con su conejo a diario para proporcionarle estimulación mental y compañía.

Control del peso

Controle el peso y la condición corporal de sus conejos para prevenir la obesidad. Ajuste su dieta y su rutina de ejercicios en consecuencia.

Evite el estrés

Reduzca al mínimo los factores estresantes como los cambios bruscos de entorno, los ruidos fuertes o el manejo agresivo.

Prevención de parásitos

Siga las recomendaciones de su veterinario para prevenir parásitos externos como pulgas y ácaros.

Cuarentena para nuevas incorporaciones

Si va a introducir un nuevo conejo, póngalo en cuarentena durante unas semanas antes de presentarlo a su(s) conejo(s) existente(s) para prevenir una posible transmisión de enfermedades.

Recuerde que los conejos tienen necesidades únicas, y es importante mantenerse informado y educado sobre su cuidado. Proporcionarles un estilo de vida equilibrado con una dieta adecuada, ejercicio, higiene y atención médica contribuirá en gran medida a garantizar la salud y felicidad de su conejo.

Buscar atención

Saber cuándo buscar ayuda veterinaria profesional es crucial para su bienestar. Si nota algún comportamiento inusual, síntomas o cambios en el estado de su conejo, lo mejor es consultar a un veterinario con experiencia en el cuidado de conejos. He aquí algunas pautas sobre cuándo buscar ayuda veterinaria y los tipos de tratamientos que pueden ser necesarios.

Situaciones de emergencia

Busque ayuda veterinaria inmediata si observa alguna de las siguientes situaciones:

- Dificultad respiratoria grave o jadeos
- Letargo repentino, debilidad o colapso
- Hemorragia profusa de cualquier parte del cuerpo
- Convulsiones o inclinación severa de la cabeza
- Vientre distendido, especialmente si va acompañado de dolor y malestar
- Diarrea o estreñimiento incontrolables
- Traumatismo o lesión grave

Cambios de comportamiento

Los conejos son expertos en ocultar signos de enfermedad. Si observa cambios en su comportamiento o rutina, podría indicar un problema de salud:

- Disminución del apetito o rechazo a comer
- Reducción de la ingesta de agua
- Letargo y actividad reducida
- Aislamiento y esconderse más de lo habitual
- Rechinar de dientes (señal de dolor)

- Comportamiento agresivo o cambios en la interacción social

Problemas gastrointestinales

La estasis gastrointestinal, la diarrea o el estreñimiento son problemas de salud comunes en los conejos.

- Busque ayuda si su conejo lleva más de 12 horas sin comer ni producir heces.
- Si las heces de su conejo son consistentemente blandas o acuosas, o si tiene dificultad para defecar.

Síntomas respiratorios

- La secreción nasal, los estornudos, las sibilancias, la respiración dificultosa y la tos pueden ser signos de infecciones respiratorias.
- Si su conejo tiene problemas para respirar o presenta una secreción visible, póngase en contacto con un veterinario.

Problemas dentales

- Si su conejo babea, se da zarpazos en la boca o se muestra reacio a comer, los problemas dentales podrían ser la causa.
- Los dientes demasiado crecidos o los espolones dentales requieren un recorte profesional por parte de un veterinario.
- Problemas de piel y pelaje
- El rascado, la pérdida de pelo, las costras o las lesiones cutáneas podrían indicar la presencia de ácaros, tiña u otras afecciones de la piel.
- Los abscesos, bultos o crecimientos inusuales deben comunicarse siempre a un veterinario y ser examinados.

Problemas de ojos y oídos

- Los ojos turbios o saltones, el lagrimeo excesivo, el enrojecimiento o las secreciones justifican la atención veterinaria.
- La inclinación de la cabeza, las vueltas en círculos y los problemas de equilibrio pueden indicar una infección del oído interno o una infección por E. cuniculi.

Problemas reproductivos y urogenitales

Si tiene una coneja hembra no esterilizada, esté atento a signos de problemas uterinos como sangrado, hinchazón o molestias.

Los conejos machos con dificultad para orinar o producir orina podrían tener problemas del tracto urinario.

Vacunas

Consulte a su veterinario sobre el calendario de vacunación recomendado para enfermedades como la enfermedad hemorrágica del conejo (EHC) y la mixomatosis. Los tratamientos para los problemas de salud de los conejos pueden variar mucho y deben ser determinados siempre por un veterinario. Pueden incluir:

- Antibióticos o medicamentos antivirales para las infecciones
- Alivio del dolor y medicación antiinflamatoria
- Procedimientos dentales para dientes demasiado grandes o espolones dentales
- Terapia de fluidos para combatir la deshidratación
- Procedimientos quirúrgicos para extirpar abscesos o tumores
- Tratamiento parasitario para parásitos externos o internos
- Cuidados de apoyo como alimentación con jeringuilla, hidratación y regulación de la temperatura

Vacunaciones para prevenir enfermedades específicas

La clave está en buscar atención veterinaria profesional en cuanto note cualquier signo de enfermedad o malestar en su conejo. Los conejos son animales delicados, y una intervención temprana puede marcar una diferencia significativa en su pronóstico y recuperación.

Conducta en situaciones de emergencia

Mantenga la calma

En cualquier situación de emergencia, mantener la calma es esencial. Tómese un momento para serenarse antes de actuar. Los conejos son sensibles a las emociones de su dueño, y su conducta calmada ayudará a evitar que su conejo se estrese más.

Evalúe la situación

Evalúe rápidamente la situación para comprender la gravedad de la emergencia. ¿Está su conejo herido, muestra signos de enfermedad o se encuentra en peligro inmediato? Esta evaluación le ayudará a priorizar sus acciones.

Aislar y proteger

Si su conejo está en peligro o está herido, trasládelo con cuidado a una zona segura y tranquila. Utilice un transportín o un espacio confinado para evitar que sufran más daños o estrés. Cubra el transportín con una manta para proporcionarle una sensación de seguridad.

Póngase en contacto con su veterinario

Póngase en contacto con su veterinario o con una clínica veterinaria de urgencias con experiencia en conejos. Explíquele la situación y facilite tantos detalles como sea posible sobre el estado de su conejo. Siga atentamente sus consejos e instrucciones.

Primeros auxilios

Si su conejo sangra o tiene una herida, utilice un paño limpio y estéril o una gasa para aplicar una suave presión sobre la zona afectada. No aplique presión directa sobre los ojos, la nariz o la boca. Intente mantener la zona limpia y minimizar los traumatismos posteriores.

Dificultades respiratorias

Si su conejo tiene dificultades para respirar, asegúrese de que se encuentra en una zona bien ventilada. Evite las corrientes de aire o las temperaturas extremas, ya que los conejos son sensibles a los cambios de temperatura. Manténgalos tranquilos para reducir el estrés.

Manténgase caliente

En caso de shock o herida, la temperatura corporal de su conejo puede bajar rápidamente. Cúbralos con una manta o toalla para ayudarles a mantener su calor corporal. Tenga cuidado de no sobrecalentarlos, ya que los conejos también pueden sobrecalentarse.

Administrar primeros auxilios

Solo administre primeros auxilios si está entrenado para ello y es seguro. Por ejemplo, si su conejo se está ahogando, despeje sus vías respiratorias con cuidado. Sea siempre delicado y evite causar daños adicionales.

Transporte al veterinario

Si su veterinario le aconseja llevar a su conejo para que reciba atención inmediata, llévelo lo antes posible. Asegure un transportín bien ventilado en su vehículo para evitar movimientos bruscos que puedan empeorar su estado.

Lleve un registro

Documente los síntomas que observó, la cronología de los acontecimientos y los primeros auxilios que prestó. Estos detalles serán valiosos para que el veterinario realice un diagnóstico preciso.

Siga las instrucciones del veterinario

Siga cuidadosamente las instrucciones de su veterinario. Le orientarán sobre cómo estabilizar a su conejo antes de llegar a la clínica o le indicarán las medidas inmediatas que debe tomar.

Quédese con su conejo

Si su conejo requiere hospitalización o tratamiento, manténgase en contacto con el equipo veterinario. Le mantendrán informado sobre el estado de su conejo, su plan de tratamiento y sus progresos.

Recuerde que, aunque usted puede proporcionar algunos primeros auxilios, la atención veterinaria profesional es crucial para diagnosticar y tratar adecuadamente el estado de su conejo. Incluso si su conejo parece recuperarse tras los primeros auxilios, sigue siendo vital buscar una evaluación profesional para asegurarse de que no hay lesiones o complicaciones ocultas. Mantener la seguridad y el bienestar de su conejo como máxima prioridad en caso de emergencia contribuirá a garantizar el mejor resultado posible.

Ser propietario de un conejo conlleva la responsabilidad de salvaguardar su salud y bienestar. Puede que estas adorables criaturas sean pequeñas, pero pueden ser propensas a sufrir problemas de salud. Adoptando un enfoque proactivo para el conocimiento de las enfermedades y su tratamiento precoz, puede asegurarse de que su conejo disfrute de una vida larga y saludable.

Comprender la importancia de mantenerse informado

Ser consciente de las enfermedades comunes de los conejos es esencial. Si conoce los signos y síntomas de afecciones como la estasis gastrointestinal, los problemas dentales y las infecciones respiratorias, estará mejor preparado para detectar posibles problemas de salud antes de que se agraven.

Acción precoz

Reconocer las señales de advertencia es solo el primer paso. Actuar con rapidez es crucial. Si nota algún cambio en el comportamiento, el apetito o el peso de su conejo, no dude en consultar a un veterinario con experiencia en el cuidado de conejos. Su rápida respuesta puede marcar la diferencia en la salud general de su conejo.

Dar prioridad a la prevención

Prevenir los problemas de salud es siempre preferible a tratarlos. Asegúrese de que la dieta de su conejo es equilibrada y rica en fibra, ofrézcale muchas oportunidades de ejercicio y estimulación mental y mantenga limpio su espacio vital. Las visitas regulares al veterinario, las vacunas y las prácticas proactivas de acicalamiento son también componentes vitales de una rutina de cuidados preventivos.

Crear un estilo de vida centrado en el conejo

El bienestar de su conejo debe ser el centro de sus esfuerzos. Dedique tiempo a observar su comportamiento, a participar en juegos interactivos y a proporcionarle un entorno cómodo y libre de estrés. Manteniendo a su conejo contento y mentalmente estimulado, contribuye a su salud general.

Defender la salud de su conejo

Como propietario responsable de un conejo, usted tiene el poder de ser el defensor de la salud de su mascota. Adoptar un enfoque proactivo para el conocimiento de las enfermedades y su tratamiento precoz demuestra su compromiso con su felicidad. Recuerde que su conejo depende de usted para su cuidado. Al dar prioridad a su salud, se está asegurando de que disfrute de una vida plena a su lado.

Capítulo 6: Prácticas éticas de cría para la sostenibilidad

Puede resultar tentador lanzarse a criar conejos y aprender dejándose llevar por la corriente a base de ensayo y error. Sin embargo, los conejos son seres vivos. Jugar con la vida de los conejos que le proporcionarán alimento parece innecesariamente cruel. Por lo tanto, hay que tener en cuenta consideraciones éticas a la hora de criar conejos. Estas consideraciones incluyen el cuidado de la salud, la diversidad genética, el alojamiento, así como la comprensión de sus ciclos reproductivos. Al adquirir primero una comprensión profunda de los múltiples factores que contribuyen a la cría de conejos sanos, puede tomar decisiones informadas para crear el mejor entorno para sus conejos. La cría sostenible requiere un enfoque consciente de la cría de animales. Separarse de las prácticas, a menudo crueles, de la ganadería industrial a gran escala requiere aplicar la ética a la cría y el engorde de conejos de carne.

Los conejos son una fuente magra de proteínas y se reproducen con rapidez. Establecer los marcos para aprovechar la rápida tasa de madurez de los conejos y los costes relativamente baratos de su cría debe estar en consonancia con un alto nivel ético. Puesto que está criando su propia carne, es su responsabilidad asegurarse de que sus animales viven cómodamente antes del sacrificio. Con un poco de conocimiento y ciñéndose a unos principios éticos, puede construir una granja de conejos de alto rendimiento que ocupe un espacio mínimo y sea respetuosa con el medio ambiente. Una vez haya creado su sistema de cría, le resultará mucho más fácil mantener compasivamente un paraíso de conejos. Por lo tanto, explorar técnicas para cuidar y criar conejos de forma ética es fundamental para una explotación eficiente.

Gestión de las parejas reproductoras

Comprender el linaje es un componente esencial de la cría ética de conejos. Ignorar los factores genéticos al criar sus animales podría ser desastroso y dejarle con numerosos defectos y enfermedades. Elegir las parejas reproductoras requiere una comprensión básica de la biología del conejo y de su comportamiento social. Además, hay muchas razas de conejos entre las que elegir, incluyendo el gigante flamenco, el californiano, así como el blanco de Nueva Zelanda. Los conejos de carne se eligen por su excelente relación hueso-carne, así como por su gran tamaño. Puede resultar tentador seleccionar los conejos más grandes de su camada para criarlos y obtener más carne, pero otros factores determinan qué conejos pueden criarse según principios morales. Una mentalidad guiada por la cantidad de producción de carne a expensas de la calidad podría ser un obstáculo importante para la cría ética.

Comprender el linaje es un componente esencial de la cría ética de conejos
https://www.pexels.com/photo/2-rabbits-eating-grass-at-daytime-33152/

Muchos criadores tienen afán de lucro, lo que a menudo puede dar lugar a un trato indeseable de los conejos. Si planea vender carne de conejo o incluso criarlos para su propio consumo, uno de los peores enfoques que puede adoptar, éticamente hablando, es considerar a los conejos como un simple producto. El objetivo es dar a los conejos una vida lo más cómoda posible antes de sacrificarlos finalmente para obtener carne. La relación entre un criador y sus conejos debe ser mutuamente beneficiosa. Las decisiones que tome sobre la cría determinarán lo bien que socialicen sus conejos, lo sanos que estarán y, finalmente, el rendimiento que obtendrá de ellos. Por lo tanto, la gestión de la cría requiere una atención profunda a la diversidad genética de los conejos, la prevención de la endogamia, así como el mantenimiento de un tamaño de población saludable que su alojamiento y espacio puedan acomodar.

Diversidad genética

La diversidad genética de sus conejos dependerá en gran medida del tipo de cría que siga. Los principales tipos de cría para conejos son la cría en línea, el cruce, el cruce externo y la endogamia. El cruce es cuando selecciona conejos de razas completamente diferentes que tienen varias características y los mezcla para poder maximizar la diversidad genética. El problema del cruce es que no puede registrar los conejos en la Asociación Americana de Criadores de Conejos porque no son de raza pura. El cruce limitará los posibles compradores de sus conejos porque las razas puras son más deseables en el mercado. El cruce externo aborda el problema del cruce, produciendo líneas que no son de raza pura. El cruce externo consiste en criar conejos de la misma raza procedentes de linajes diferentes. La cría en línea se refiere a la cría de conejos de la misma familia. Sin embargo, el criador tiene cuidado de tomar decisiones que creen diversidad genética apareando conejos que tengan cierta distancia familiar. Por ejemplo, los conejos criados con cría en línea pueden ser medio hermanos, o los nietos se cruzarán con los abuelos. La endogamia se refiere a la cría de miembros de la misma camada.

El cruce es uno de los mejores métodos para criar conejos de forma ética. El cruce crea diversidad genética. Sin embargo, puede causar problemas con el parto. Por ejemplo, si una raza macho más grande se aparea con una raza hembra más pequeña, puede causar problemas en el proceso de parto porque la mezcla resultante podría significar que los gazapos son demasiado grandes para la madre. La cría en línea crea más consistencia entre sus conejos, y usted tiene más control sobre la elección de las características deseables, pero puede conducir a la inferioridad genética si la técnica se utiliza a largo plazo. Los conejos consanguíneos son genéticamente similares, por lo que las camadas pueden ser a menudo propensas a enfermedades o tener algunos defectos físicos.

Prevención de la endogamia

Llevar un registro de la procedencia de sus líneas de cría es uno de los primeros pasos para prevenir la endogamia. Una forma sencilla de asegurarse de que sus conejos no están directamente emparentados es comprando conejos de granjas diferentes. Organismos como la Asociación Americana de Criadores de Conejos existen en parte para llevar un registro de los linajes y razas de los diferentes conejos. Por lo tanto, para evitar la endogamia, debe ser consciente de dónde se obtienen sus conejos. Además, es mejor obtener conejos de criadores registrados porque hay un rastro de papel que puede seguir para ver con precisión de dónde proceden los linajes y lo puros (o no) que son.

Una vez que haya adquirido sus conejos de cría, la forma más eficaz de evitar la endogamia es ser observador. Dependiendo de las razas que esté criando, la edad de madurez sexual será diferente. Una vez que un conejo ha alcanzado la madurez sexual, debe mantenerse separado de su camada. También es necesario prestar mucha atención al comportamiento de los conejos. Por ejemplo, una coneja en celo estará más inquieta y mostrará comportamientos como frotarse la barbilla con el pienso. También se harán evidentes otros signos fisiológicos como una vulva roja e hinchada. Una vez que sus conejas hayan alcanzado la madurez sexual, deben separarse en parejas reproductoras y mantenerse alejadas de la camada de la que proceden. No debe permitirse que los padres se apareen con los hijos, ni tampoco que lo hagan los hermanos.

Mantener un tamaño de población saludable

Mantener un tamaño de población saludable significa que debe ser consciente del número máximo de conejos que caben en el espacio de que dispone. También debe ser consciente de la proporción entre conejos y conejas y mantenerla equilibrada. Por ejemplo, debería haber unos dos machos por cada 20 hembras. Cuando aparee a sus machos y lo haga, debe ser consciente de que los machos pueden volverse territoriales. Por lo tanto, sus hembras deben trasladarse al territorio de su macho en lugar de trasladar a su macho al territorio de una hembra en el que haya otros machos. Una cierva y su camada necesitan al menos dos metros cuadrados de espacio para estar sanas. Por lo tanto, es necesario medir la superficie de la que dispone para criar a sus conejos, de modo que pueda calcular cuántos conejos constituyen su capacidad máxima. Los conejos varían de tamaño, por lo que el espacio que necesitan cambiará. Una forma excelente de medir si dispone de espacio suficiente para la cría humanitaria es que cada conejo individual necesita una sección unas cinco veces mayor que su cuerpo.

Sus prácticas de cría también determinarán el grado de salud de su población. Los defectos genéticos pueden dejarle con una población decreciente. Por lo tanto, cuando aparee a alguno de sus conejos, debe comprobar si están sanos y si hay algo anormal en su desarrollo. Le conviene utilizar para el apareamiento los machos y hembras más fuertes y sanos. Además, debe cambiar regularmente a sus machos. Con el tiempo, sus hembras empezarán a producir camadas más pequeñas. Llevar la cuenta del tamaño de sus camadas es otra forma de asegurarse de que se mantiene una población fuerte. Una vez que las camadas de sus hembras empiecen a disminuir significativamente, puede que sea el momento de traer hembras más jóvenes para la cría.

Ciclo reproductivo

Las prácticas éticas en torno al ciclo reproductivo tienen que ver principalmente con la salud de sus conejos reproductores, así como con las condiciones en las que tiene lugar la cría. Las conejas son viables para la cría durante unos tres años. Se sugiere que intercambie sus gazapos al menos una vez al año para una reproducción óptima. La duración del embarazo de una coneja es de aproximadamente un mes, dependiendo de la raza. Una vez que nacen los cachorros, se amamantan durante aproximadamente ocho semanas. Para asegurarse de que sus cachorros crecen sanos, deben ser amamantados durante las ocho semanas. Los cachorros pueden comer alimentos sólidos alrededor de las dos semanas de vida. Sin embargo, esto no significa que estén preparados para dejar de tomar la leche de su madre. Una gran parte de la cría ética consiste en asegurarse de que tiene en cuenta la salud de sus conejos. Por ello, es necesario un cuidado exhaustivo de los gazapos, así como de las hembras preñadas.

Una vez que su coneja haya parido y amamantado a sus gazapos, debe asegurarse de que está sana antes de volver a criarla. El embarazo exige mucho de una hembra. Puede comprobar sus niveles de energía, así como su cuerpo, en busca de cualquier lesión antes de criarla de nuevo. Necesita esperar al menos 35 días antes de volver a criar a su cierva después de que la camada haya sido destetada. Esto protegerá la salud de su yegua, así como la de cualquier camada futura. A veces, puede producirse un pseudo embarazo, que dura unos 17 días. Esto puede ocurrir si una cierva se aparea con un macho estéril o por otro tipo de estimulación física. Por lo tanto, es esencial vigilar a una cierva preñada si quiere mantener una población sana.

Edades de cría apropiadas

Los conejos están listos para criar entre los cuatro y los siete meses, según su tamaño y su raza. Las razas más pequeñas tienden a madurar más rápido. En casi todas las razas, los machos maduran mucho más despacio que ellas. Cuando sus conejas estén listas para la reproducción, es crucial hacer un seguimiento de sus patrones de apareamiento para asegurarse de que tanto las hembras como los machos se mantienen sanos. Debe permitirse que un macho se aparee al menos cada tres o cuatro días. Los machos sanos pueden seguir apareándose durante unos dos o tres años, pero para un linaje fuerte, se sugiere que los machos que se aparean se intercambien al menos una vez al año. A diferencia de muchas otras especies de mamíferos, las conejas no ovulan según un calendario establecido. Las hembras solo ovulan cuando hay estimulación sexual.

Las granjas comerciales de conejos producen unos cinco o seis litros al año. Para unas prácticas de cría éticas, su cría no debe guiarse estrictamente por maximizar las camadas. Debe controlar su dosis para asegurarse de que están sanas y fuertes para producir más camadas. No querrá sobrecargar demasiado a sus animales si su objetivo es aumentar su calidad de vida. Aunque sus conejos son esencialmente una mercancía, para que sus prácticas de cría tengan un alto nivel ético, debe tener en cuenta la calidad de vida de los conejos. Por lo tanto, sus conejos solo deben criarse cuando se encuentren en un estado de salud óptimo, y debe evitar la sobre cría.

El cuidado de las hembras preñadas

El embarazo es una época vulnerable para la mayoría de los mamíferos. Por ello, es necesario un mayor grado de cuidados cuando una coneja está preñada. Hay varias formas de saber cuándo una cierva está preñada. Una de las formas más obvias de detectarlo es comprobando el tamaño del abdomen. El peso corporal también aumentará significativamente. Otra forma de comprobarlo es colocando un macho cerca de ella. Los gamos no se aparean con las que ya están preñadas. Cuando una coneja da a luz, se conoce como parto. Antes de que se produzca el parto, es importante construir un nido.

A veces, puede resultar difícil para una coneja concebir. Esto indica que el macho o la hembra no están sanos, y una de las principales causas de que una hembra no pueda concebir es que tenga sobrepeso. Dado que es ético mantener una salud óptima para sus conejos, debe asegurarse de que tengan un tamaño saludable. Los gazapos con sobrepeso también tienden a perder la libido y son perezosos. La vejez, las enfermedades y las lesiones pueden impedir que los conejos críen eficazmente. Así pues, es lógico que mantenga a sus conejos en óptimas condiciones.

El cuidado de las crías recién nacidas

Los conejos cuidan muy bien de sus crías. Su deber como criador es asegurarse de que las condiciones para su cuidado son las adecuadas. Los conejos utilizan su pelaje para hacer nidos para sus crías. Puede añadir serrín al recinto para que la coneja lo utilice también para construir un nido. A veces, los conejos pueden quedarse huérfanos. Tal vez la coneja se hirió o murió durante el proceso de encalado. Si esto ocurre, tendrá que alimentar a las crías de conejo con biberón utilizando una fórmula especial. Un buen sustituto de la leche para conejos es la leche para gazapos. También tendrá que construir el nido usted mismo.

Investigar qué es lo mejor para sus conejos no es una actividad de una sola vez. A medida que avance en su viaje de cría, necesitará investigar continuamente. Mantenerse al día de la información más reciente es la piedra angular de unas prácticas de cría éticas. Siempre hay nueva información y actualizaciones de las mejores prácticas disponibles. En su mayor parte, el cuidado de los cachorros recién nacidos significa simplemente controlarlos a diario y asegurarse de que la madre está sana, ya que son criadores naturales. Si observa algún cambio preocupante o un comportamiento que se salga de la norma, investigar es beneficioso. Mediante una observación aguda y manteniéndose al día de los avances científicos, podrá mantener una manada sana.

Consideraciones sanitarias

Usted elige a los conejos que cría; ellos no le eligen a usted. Por lo tanto, cualquier preocupación sanitaria recae firmemente sobre sus hombros. La carne de conejo es barata y los conejos son relativamente fáciles de criar. Sin embargo, eso no significa que sean capaces de resistir cuando se descuida su salud. La salud de los conejos se basa principalmente en tres factores: alojamiento, nutrición y mantenimiento. Si acicala a sus animales, los alimenta bien y crea un refugio que satisfaga sus necesidades básicas, podrá criar conejos de forma ética que le proporcionarán carne abundante para su beneficio o consumo. Hay diferencias entre criar conejos para mascotas y criar conejos para carne. Los conejos para carne son más grandes que los criados para mascotas. Además, hay diferencias en los cuidados que necesitan.

Los conejos de carne serán inevitablemente sacrificados. Sin embargo, el hecho de que vayan a ser sacrificados por su carne no significa que sus vidas deban estar llenas de sufrimiento. Cuanto mejor se cuide a los conejos, más sanos estarán. Los conejos sanos producen una carne de mayor calidad que tendrá mejor sabor y podrá venderse más cara. Así pues, mantener sanos a sus conejos es beneficioso para todos porque tendrán una mayor calidad de vida, y es beneficioso para usted porque tendrá un producto final de mayor calidad. Las consideraciones éticas sobre la salud pueden requerir más tiempo y esfuerzo, pero merece la pena por el bienestar de los animales, así como por la carne de primera calidad que usted disfrutará.

Nutrición

El pienso comercial para conejos en forma de pellets contiene todos los nutrientes necesarios para mantener una dieta sana. Utilizar pienso comercial para conejos es más aconsejable que intentar mezclar su propio pienso porque ha sido formulado científicamente. Darle a sus conejos algunas verduras de hoja verde o vegetales de vez en cuando está bien, pero los pellets comerciales son suficientes para todas sus necesidades dietéticas. Además, el agua debe estar siempre a disposición del conejo. Como los conejos son susceptibles a las temperaturas extremas, en verano necesitan mucha más agua para ayudarles a refrescarse y controlar su temperatura corporal.

El pienso comercial para conejos en forma de pellets contiene todos los nutrientes necesarios para mantener una dieta sana

Alojamiento

Los conejos son sensibles a los cambios extremos de temperatura. Por ello, el alojamiento es uno de los principales factores que contribuyen a la buena salud de los conejos. Los aumentos de frío o de calor pueden provocar la muerte o la infertilidad de los conejos. Los recintos también deben construirse de forma que bloqueen el viento. La combinación de viento y frío es devastadora para los conejos, y podría acabar perdiendo toda su manada. Éticamente, como criador, debe crear un espacio cómodo para sus conejos. Un recinto bien cuidado permite que sus conejos estén cómodos, seguros y libres de lesiones y enfermedades.

Además de mantener el calor de sus conejos, el vallado es una parte fundamental del alojamiento de los conejos. Mucha gente comete el error de pensar que el vallado está pensado principalmente para mantener a los conejos dentro, por lo que compran el vallado más barato en su tienda de jardinería local. Este planteamiento es completamente erróneo. Cualquier vallado que se instale debe ser a prueba de depredadores. Los conejos son vulnerables a todo tipo de depredadores, incluidos zorros, coyotes, perros, gatos y diversas aves rapaces. Su vallado debe estar más orientado a mantener a los depredadores fuera que a mantener a sus conejos dentro. No es ético poner a sus conejos en peligro porque es su trabajo garantizar su seguridad. Unas condiciones de vida sanas y seguras para sus conejos son los pilares cruciales para criar conejos de forma ética.

Cuidados médicos

La prevención de enfermedades, dolencias y lesiones se centra en la creación de condiciones sanitarias para sus conejos. Sus conejos y el entorno en el que viven deben mantenerse limpios en todo momento. Los conejos tienen orejas y uñas sensibles, lo que significa que debe revisarlos con regularidad. Además, debe mantener cortas las uñas de su conejo. Cuando corte las uñas de su conejo, asegúrese de no mellar ninguna arteria cortando por debajo de lo rápido. Esto es insoportablemente doloroso para el conejo, y podría infectarse. También es aconsejable que un veterinario le haga revisiones periódicas. Si uno de sus conejos contrae una enfermedad o dolencia, es probable que pueda contagiarla a todos sus conejos. Por eso son aconsejables las revisiones periódicas del veterinario, para que pueda detectar a tiempo cualquier enfermedad.

Capítulo 7: El ciclo vital del conejo

Comprender el ciclo vital de los conejos es esencial para mantener una cría que funcione bien. En diferentes momentos de su vida, los conejos muestran ciertos comportamientos y necesidades. Para proporcionar a sus conejos los mejores cuidados para que produzcan carne de calidad, el criador debe conocer a fondo las etapas de la vida del conejo. Hay cuatro etapas principales de desarrollo evolutivo: el gazapo o recién nacido, el juvenil, el adulto y la fase senior. Comprender los entresijos de cada fase del ciclo vital del conejo ayuda al criador a tomar decisiones informadas que beneficiarán a su rebaño y, en última instancia, a su carne.

En cada fase de su ciclo vital, los conejos tendrán necesidades específicas. Un criador debe satisfacer eficazmente esas necesidades, y criar conejos sanos requiere un conocimiento profundo de su funcionamiento biológico. La edad desempeña un papel importante en la biología de un conejo. Teniendo en cuenta que un criador interactúa con los conejos desde el nacimiento hasta la edad adulta, entender qué comportamiento y funcionamiento del conejo es normal a cada edad puede ayudarle a determinar cómo de sana es su manada. Una manada sana conduce a una mejor carne o a más beneficios si el objetivo de un criador es vender sus conejos.

Gazapos

La etapa de gazapo es cuando un conejo es más vulnerable

La etapa de gazapo es cuando un conejo es más vulnerable. Los gazapos requieren cuidados especializados tanto del criador como de su madre. Saber exactamente qué aspecto tiene un gazapo sano y cómo se comporta permite tomar decisiones más informadas sobre la cría y las intervenciones que pueden ser necesarias en esta primera etapa de la vida. Cuando críe conejos, habrá un ciclo constante de recién nacidos que necesitarán su atención. Los requisitos nutricionales de los gazapos, junto con el alojamiento y los cuidados médicos, crean una matriz de atención específica necesaria para asegurar los mejores resultados posibles para su manada.

La etapa de gazapo o recién nacido abarca desde el nacimiento hasta los tres meses aproximadamente. Normalmente, en esta parte del ciclo de vida del conejo, se necesita un alto nivel de cuidados por parte de la madre coneja o de la presa. Los frágiles bebés corretean torpemente, despistados ante los peligros del corral. El semental, o el conejo padre, no desempeña un papel fundamental en este nivel de desarrollo. Los gazapos nacen con los ojos cerrados y no tienen pelaje en las primeras etapas. No pueden mantener el calor corporal, por lo que se mantienen calientes gracias a la madre y a un nido. Los criadores deben proporcionar serrín, que la madre utilizará junto con su pelaje para mantener calientes a sus crías.

Durante las dos primeras semanas, los cachorros adquieren una nutrición que procede predominantemente de la leche. Después de las dos primeras semanas, empezarán a comer pellets. Sin embargo, no estarán listos para ser destetados de la leche hasta aproximadamente las ocho semanas. Un conejo recién nacido medirá de cinco a siete centímetros y pesará de 30 a 40 gramos. Estos preciosos bebés se alimentan una o dos veces al día durante cinco a diez minutos por toma. La leche rica en nutrientes proporciona el sustento adecuado para un conejo joven con una toma cada 24 horas. Los gazapos suelen alimentarse por la mañana temprano, entre medianoche y las 5 de la mañana.

Dado que los gazapos recién nacidos son tan vulnerables, es esencial vigilarlos constantemente, sobre todo inmediatamente después del parto. La presa a veces deja el nido desatendido, lo que es un momento perfecto para comprobar cómo están los pequeños. Por desgracia, es frecuente que las crías mueran pronto, por lo que es una oportunidad para retirar cualquier cachorro muerto. La manipulación del nido debe hacerse con extrema precaución para no molestarlos demasiado. La madre se comerá la placenta después del parto, pero a veces, la limpieza puede ser un poco descuidada. Ayude a la madre retirando cualquier resto de placenta cuando esté revisando los gazapos recién nacidos. Una vez que se haya asegurado de que todos los gazapos están sanos y vivos, puede comprobar si han sido alimentados. Una madre puede tener problemas para alimentar a los gazapos, por lo que tendrán que ser alimentados con biberón. Si han sido alimentados, sus vientres estarán redondos y sobresaldrán. Si perturba el nido, es esencial restaurarlo tal y como lo encontró.

Las crías estarán finalmente listas para abandonar el nido a las dos o tres semanas de vida. En ese momento, empezarán a comer egagrópilas y no dependerán exclusivamente de la leche de su madre. Después de seis a ocho semanas, las crías pueden separarse de su madre y destetarse de la leche. Las crías serán ahora mucho más independientes y no requerirán los cuidados específicos de antes. Sin embargo, los conejos siguen considerándose gazapos hasta los tres meses de edad aproximadamente. Aunque estas crías no son tan vulnerables como antes, sigue siendo necesario controlarlas regularmente para vigilar su salud.

Por la salud de la madre, el destete debe hacerse gradualmente. Cuando las crías se retiran bruscamente, esto puede provocar el desarrollo de mastitis. La mastitis es una enfermedad que provoca la hinchazón de las mamas de la coneja. Esta hinchazón puede dar lugar a una infección que provoque la muerte prematura de la madre. Aunque el semental o el padre no es tan integral en el desarrollo de los gazapos como la madre, también puede ayudar mantener al semental cerca durante las primeras semanas para evitar el estrés de las crías o de la madre. El padre actúa como un soporte fundacional estable para su familia reproductora.

Juvenil

Una vez que el gazapo ha crecido significativamente, pasa a la etapa juvenil. Esta etapa puede compararse a la de un adolescente humano. La fase juvenil es el periodo puente entre ser un gazapo y alcanzar la edad adulta. Esta etapa comienza alrededor de los tres meses de edad hasta aproximadamente el año. Algunas de las razas más grandes alcanzan la edad adulta antes, alrededor de los nueve meses. La alimentación se vuelve más importante a medida que los hambrientos adolescentes mastican constantemente para sostener su rápido crecimiento. El heno de alfalfa y los pellets de calidad son un buen pienso en esta etapa de desarrollo porque es muy rico en calcio y ayudará a los adolescentes a desarrollar huesos y músculos fuertes. También es rico en fibra, que ayuda a la digestión.

En esta etapa, la alimentación debe ser constante, con un flujo consistente de pellets fácilmente disponibles. El crecimiento explosivo de los conejos juveniles requiere nutrientes, por lo que se alimentan a menudo. La consideración más importante para la cría de conejos a esta edad es asegurarse de que tengan abundante comida y agua fácilmente disponibles. Debe mantenerse un buen equilibrio proporcionándoles alimento a raudales y, al mismo tiempo, evitando que coman en exceso porque estos jóvenes pueden ser glotones. Los juveniles regordetes pueden ser a veces propensos a atiborrarse. Debe desarrollar un protocolo de alimentación que garantice que los conejos estén bien alimentados sin permitirles que se excedan.

Los conejos jóvenes son muy activos, por lo que necesitan mucho espacio para corretear. Crear un recinto con diferentes niveles en los que los conejos puedan saltar les ayudará a controlar sus altos niveles de energía. Cuando pasan a la edad adulta, experimentan cambios hormonales y notará que se vuelven mucho más agresivos. Los conejos jóvenes pueden mostrar comportamientos revoltosos como dañar su recinto, morder o rociar orina por todas partes. Por ello, hay que vigilar a estos imprevisibles para asegurarse de que no se hacen daño a sí mismos ni a otros conejos. Las mordeduras pueden causar heridas o infecciones, así que compruebe que sus conejos no tengan heridas causadas por sus hormonales jóvenes.

Los conejos que se tienen como mascotas suelen castrarse cuando alcanzan esta fase juvenil debido a su comportamiento hiperactivo, como morder, escarbar y moverse frenéticamente. Un criador debe tolerar este comportamiento porque necesita que estos conejos maleducados se reproduzcan. Así pues, cualquier refugio que se construya para estas pesadillas adolescentes debe tener en cuenta la naturaleza rebelde y activa de los conejos a esta edad. También puede esperar más peleas de los conejos adolescentes debido a sus cambios hormonales. En esta fase de desarrollo, los conejos traviesos tienden a expresar un comportamiento territorial agresivo. Arremeterán contra usted cuando entre en su espacio, por lo que debe tener cuidado al manipularlos.

La curiosidad, agresividad e hiperactividad que crecen en la fase juvenil del desarrollo del conejo remitirán con la edad. Estos comportamientos están influenciados por las furiosas hormonas de la pubertad. Los conejos juveniles se acercan a la madurez sexual. En los conejos machos, puede observar que empiezan a montar objetos u otros conejos. Se trata de un signo normal del desarrollo de un conejo joven. Después del año de edad, entrarán en la edad adulta, por lo que se calmarán significativamente desde el pico de la alborotada etapa de transición de su ciclo vital. Los conejos macho son más agresivos que las hembras y son los que manifiestan los comportamientos más territoriales y agresivos.

Los cambios hormonales también desempeñan un papel en las hembras de conejo. Cuando son jóvenes, las conejas hembras pueden empezar a anidar. Las conejas adultas solo anidan cuando están preparadas para parir. Cuando las hembras jóvenes empiezan a anidar, es un signo de falso embarazo. La coneja se está preparando para iniciar el apareamiento. Las conejas no ovulan cuando no hay machos cerca. Los cambios hormonales están preparando al animal para la madurez sexual y las exigencias biológicas que conlleva.

Las principales preocupaciones cuando los conejos están en la fase juvenil son evitar las peleas y mantener sus espacios vitales. Los conejos juveniles son propensos a dañar la propiedad mordisqueando y escarbando. Además, sus animales pueden necesitar vacunas en esta fase temprana para evitar la propagación de diversas enfermedades. Es aconsejable que un veterinario realice una visita a domicilio o que lleve a su manada al veterinario para que un profesional médico se asegure de que no tienen lesiones ni enfermedades potencialmente mortales. Si un pequeño número de conejos enferma en su manada, es probable que puedan propagar las enfermedades. Por ello, es muy recomendable vacunar a los conejos desde el principio.

Adulto

Cuando los conejos alcanzan la edad adulta, significa que ya no aumentan de tamaño
https://www.pexels.com/photo/white-rabbit-wearing-yellow-eyeglasses-4588065/

Dependiendo de la raza del conejo, la edad adulta se alcanza entre los nueve y los 18 meses. Es entonces cuando sus conejos están completamente desarrollados y listos para empezar a criar. La duración de la vida de un conejo es de unos tres a nueve años; por lo tanto, la mayor parte de la vida de un conejo transcurrirá como adulto. Los conejos de carne, llamados fritos, suelen sacrificarse antes de que alcancen la edad adulta, entre los tres y los seis meses de edad. Los conejos adultos que se tengan se utilizarán predominantemente como reproductores. Algunas personas consideran más ético esperar a que un conejo alcance la edad adulta antes de sacrificarlos o venderlos para carne.

Cuando los conejos alcanzan la edad adulta, significa que ya no aumentarán de tamaño. Ahora que sabe que sus conejos no aumentarán de tamaño, puede calcular las dimensiones de sus recintos en función de la masa de los conejos maduros. En la edad adulta, los conejos no son tan agresivos como cuando eran jóvenes, pero aún pueden mostrar algunos de los mismos comportamientos, como ser territoriales. Teniendo en cuenta que sus conejos adultos son sus conejos reproductores, son esencialmente el centro de su explotación. Por lo tanto, se necesitan cuidados especializados para asegurarse de que son capaces de criar bien.

La alimentación de los conejos adultos debe controlarse estrictamente. A diferencia de los conejos jóvenes que aún están creciendo, los conejos adultos han alcanzado su tamaño completo, por lo que su suministro de alimentos será más constante. Pellets y heno de alta calidad es todo lo que se necesita para alimentar a los conejos adultos. Además de la comida, también deben tener agua fácilmente disponible. Los conejos tienden a volverse más perezosos cuando envejecen, por lo que existe el riesgo de obesidad, que puede afectar a su fertilidad. Dado que los adultos son sus reproductores, es esencial asegurarse de que mantienen un peso saludable y productivo para maximizar el tamaño de las camadas.

Los conejos que llegan a la edad adulta son cuidadosamente seleccionados por los criadores. Sus conejos adultos deben tener todos los rasgos más deseables que usted pretende transmitir a las generaciones futuras. Todos los conejos que mantenga hasta la edad adulta deben ser los más fuertes, aptos y sanos de su camada. Estos son los conejos que no son propensos a lesiones o enfermedades y que pueden producir la mayor cantidad de carne. Por lo tanto, debe seleccionar cuidadosamente los conejos que vende o consume y los que conserva para la cría. Normalmente, hay unos dos machos por cada veinte hembras, por lo que también deberá seleccionar sus conejos según el sexo.

Teniendo en cuenta que los conejos adultos pueden volverse perezosos, lo que podría hacerles ganar peso, su recinto debe estar estructurado de forma que fomente la actividad. Instalar algunas partes móviles en su alojamiento puede ser beneficioso porque un entorno repetitivo puede causar aburrimiento entre los conejos adultos, lo que alimentará sus inclinaciones perezosas. Si dispone de secciones que puedan moverse y le permitan reorganizar sus recintos, evitará la pereza y mantendrá activos a sus conejos. Las partes móviles que puede instalar en sus recintos pueden ser sencillas, como escalones, cajas o túneles para que sus conejos jueguen. La nutrición y el ejercicio son los dos factores más importantes a la hora de cuidar conejos adultos.

Los conejos enfermos o con deficiencias genéticas suelen sacrificarse antes de que alcancen la edad adulta. Algunos conejos con deformidades pueden seguir vendiéndose para carne. Teniendo en cuenta que su selección genética le asegurará un poderoso linaje de conejos adultos reproductores, no le resultará difícil cuidarlos a esta edad. Aparte de limpiarlos, alimentarlos y comprobar que no tengan heridas, los conejos adultos requieren relativamente poco mantenimiento en comparación con los recién nacidos, los jóvenes e incluso los senior.

En la edad adulta, sus conejos se volverán mucho menos activos después de unos tres años. Es entonces cuando empieza el envejecimiento y pasan a la fase geriátrica senior. Por eso se sugiere que sus machos reproductores se intercambien al menos una vez al año. Además, a medida que las hembras envejecen, sus camadas también se harán más pequeñas. Por lo tanto, cuando sus conejas sean adultas, debe controlar lo activas que son, así como el tamaño de la camada, para poder tomar decisiones de cría provechosas. Los conejos adultos requieren poco mantenimiento, pero los cuidados que les preste determinarán durante cuánto tiempo podrán criar eficazmente.

Adulto Mayor

Para un criador, es poco probable que sus conejos lleguen a la fase senior de la vida. Los conejos se consideran geriátricos entre los cinco y los siete años. A esta edad, sus conejos están cerca de la muerte natural. Por lo tanto, como criador, sus animales serán vendidos antes de que alcancen esta fase tardía de la vida. Sin embargo, si mantiene algunos conejos hasta que son geriátricos, tienen necesidades específicas propias de los ancianos. Así pues, deberá ajustar sus cuidados una vez que alguno de sus conejos haya alcanzado esta etapa de su vida. Las necesidades de los conejos senior son excesivas, y podrían compararse con el nivel de cuidados que precisan los recién nacidos.

Un conejo senior será una mascota. El cuidado de un senior no conlleva ningún beneficio lucrativo. Cuando un conejo se convierte en geriátrico, ya no son capaces de criar. Pueden venderse para el matadero, pero los conejos de carne se venden mucho antes de que alcancen esta etapa. Los conejos viejos se vuelven incluso menos activos que los adultos a medida que su salud empieza a deteriorarse lentamente. Muchas personas tienen conejos mayores como mascotas por lo tranquilos que son. Es muy poco probable que los conejos mayores arremetan contra usted como los jóvenes y no muestran los mismos tipos de comportamiento territorial. Además, no dañan los recintos porque son muy inactivos. Los conejos senior comen menos que los adultos porque su apetito disminuye con la edad.

Los conejos geriátricos son difíciles de cuidar porque padecen una serie de enfermedades y dolencias. Estos ancianos pueden tener problemas de oído, insuficiencia renal, artritis, problemas oculares y enfermedades dentales. Las conejas hembras que han sido reproductoras y no han sido esterilizadas también pueden desarrollar tumores uterinos. Por lo tanto, las visitas al veterinario serán habituales para los conejos senior. Los conejos mayores son frágiles y requieren cuidados constantes. Dado que ya no crían, mantener un conejo senior es un lastre para una operación de cría, por lo que si va a mantener conejos hasta que lleguen a esta edad, debe ser consciente de que le costarán dinero.

Los conejos mayores tienden a asustarse con facilidad, por lo que necesitará mantenerlos en un entorno libre de estrés. Los conejos geriátricos pueden sufrir insuficiencias cardíacas cuando se asustan o sobresaltan. Los conejos son criaturas sociales, pero mantener a un conejo senior cerca de muchos conejos adultos y jóvenes podría ser fatal debido a lo elevado que son los estímulos en ese tipo de entorno. Cualquier decisión que tome sobre las condiciones de vida de sus conejos senior deberá incluir consideraciones sobre las frágiles condiciones cardíacas de los vulnerables conejos mayores.

Para prolongar la vida de un conejo senior, el entorno en el que vive debe ser confortable. Los conejos senior también necesitan algo de ejercicio, pero, en su mayor parte, serán perezosos. Un entorno blando, con alfombras y acolchado, es ideal para evitar lesiones, así como para proporcionarles cierta comodidad de movimiento, ya que sus articulaciones pueden estar sensibles. La pérdida de movilidad causada por el deterioro de sus articulaciones significa que no podrán acicalarse bien. Por lo tanto, si tiene conejos mayores, deberá acicalarlos y darles baños secos.

Los conejos senior pierden peso rápidamente a medida que empiezan a perder el apetito. Resulta esencial alimentar a los conejos senior con comida de alta calidad y rica en nutrientes. La pérdida de apetito que experimentan los conejos mayores contribuye a que pierdan peso rápidamente. Cuidar conejos senior significa que debe comprobar constantemente su estado físico porque los cambios pueden producirse con rapidez. Mientras acicala a un conejo senior, puede comprobar si tiene algún bulto o herida porque pueden ser indicadores de varias enfermedades. Además, los conejos senior necesitan que se les corten las uñas más a menudo porque su inactividad permite que les crezcan mucho más. La combinación de aseo, nutrición, cuidados médicos y comprobación de lesiones es la razón por la que los conejos senior requieren más atención que los más jóvenes.

Capítulo 8: Sacrificio compasivo

Criar conejos para carne significa que, en algún momento, sus animales serán cosechados. Además, a algunos de su manada habrá que aplicarles la eutanasia por otras razones, como el control de la población, defectos genéticos o enfermedades. El sacrificio no tiene por qué ser cruel. Criar conejos para carne hace inevitable el sacrificio, pero hay formas de enfocar éticamente el proceso de producción. Informarse sobre las prácticas más humanas del sector puede ayudarle a establecer una explotación más compasiva. Sus animales le proporcionan carne o ingresos a costa de sus vidas. Por lo tanto, usted es responsable de asegurarse de que sus conejos tengan la mejor experiencia posible antes de verse obligados a hacer el último sacrificio.

Cualquier sufrimiento innecesario debe ser erradicado de sus operaciones de cría. Este sufrimiento incluye lesiones y muertes prolongadas. El sacrificio y la eutanasia deben realizarse de la forma menos dolorosa posible. La ASPCA dice que para que un sacrificio se considere humanitario, la muerte tiene que ser indolora, o los sentidos del animal deben estar adormecidos (Browning y Veit, 2020). Además, la ASPCA también aboga por una muerte instantánea y sin agonía (Browning y Veit, 2020). Se pueden tomar numerosas medidas para garantizar que su instalación de cría cumpla o supere estas normas.

Además del sacrificio y la eutanasia sin dolor, también deben tenerse en cuenta las condiciones en las que viven hasta el momento de sacrificio de sus animales. Sus conejos necesitan estar tranquilos y deben ser tranquilizados antes del sacrificio. Por lo tanto, utilizar técnicas de manejo humanitario y crear un entorno orientado al sacrificio compasivo es crucial para dirigir una granja ética. Muchas personas se ven empujadas a la cría doméstica para producir su propia carne debido a algunas de las prácticas atroces que están muy extendidas en la cría industrial. Criar conejos de carne de forma sostenible y concienzuda requiere que abrace la reforma de la industria ganadera aplicando cambios a pequeña escala.

Educarse en las prácticas más humanas de la industria puede ayudarle a establecer una explotación más compasiva

Photo by Engin Akyurt: https://www.pexels.com/photo/macro-shot-of-heart-shaped-cut-out-1820511/

La explotación compasiva no comienza en la mesa de despiece, sino que abarca todas sus prácticas de cría. La reducción del estrés antes del despiece depende de las condiciones en las que vivan sus animales. Por lo tanto, un entorno seguro, sanitario y espacioso es el paso inicial para una recolección compasiva. La compasión implica un alto nivel de cuidado de sus conejos. Por ello, el proceso de sacrificio debe realizarse con el máximo respeto hacia los animales. No existe una forma verdaderamente amable de matar a un animal. Sin embargo, puede acercarse lo más posible a lo humanitario si se guía más por los principios que por las mercancías. Los conejos son mamíferos, por lo que la gente puede relacionarse de algún modo con su capacidad de experimentar dolor y sufrir como criaturas sensibles. La conexión que tiene con sus conejos como seres vivos que le proporcionan sustento en forma de carne o beneficios debe mostrarse a través de prácticas cuidadosas.

El sacrificio inhumano y la eutanasia, en los que los animales experimentan un dolor y un sufrimiento excesivos, pueden reducirse mediante un adiestramiento y una información eficaces. El error humano es en gran parte culpable de inducir el sufrimiento de los animales a través de prácticas de sacrificio crueles y de los errores que se cometen en el proceso de aturdimiento. Obtener ayuda profesional y trabajar para ser competente en el sacrificio y la eutanasia puede evitar la angustia de los animales. La industria cunícola carece en gran medida de regulación debido a que su carne no es tan popular como la de vacuno, pollo o cordero. Sin embargo, esta escasa regulación no debe fomentar las prácticas crueles. La falta de una regulación adecuada en la industria de la cría de conejos debería ser un estímulo para exigirse a sí mismo un estándar aún más alto, ya que usted está en posición de contribuir a los estándares de la industria como pionero.

Métodos humanos de eutanasia

Los conejos tienen necesidades físicas, sociales y psicológicas complejas. Al sacrificar conejos, debe tener en cuenta todas estas múltiples variables si pretende que la operación de cría sea ética y humanitaria. Sacrificar animales para obtener carne puede parecer la principal preocupación de la cría de animales. Sin embargo, la cría a veces requerirá sacrificarlos por otras razones. La rentabilidad es un objetivo para muchas operaciones de cría. Hay ocasiones en las que puede resultar difícil vender conejos, lo que podría dar lugar a la necesidad de sacrificar algunos animales.

La superpoblación en un espacio reducido es una forma de crueldad animal. Por ello, aplicar la eutanasia a los conejos puede percibirse como una forma de mostrar misericordia con su manada. El proceso de reducir selectivamente su población se denomina sacrificio. Hay dos tipos de sacrificio cuando se trata de la cría de conejos de carne: el sacrificio duro y el sacrificio suave. El sacrificio suave es cuando no se mata a su población de conejos. Un sacrificio suave incluye la venta de conejos para mascotas o el cese de las actividades de cría. El sacrificio duro se refiere a la eutanasia de sus conejos. Cuando sacrifique a sus animales, elegirá conejos más débiles que tengan defectos o parezcan más propensos a enfermar.

Hay varias formas en que los criadores seleccionan los conejos que serán sacrificados. Una de ellas es la eliminación de los que carecen de instinto maternal. A veces, una madre abandona sus deberes maternales, como limpiar a sus gazapos tras el parto. Las madres sin instinto maternal suelen pisotear o comerse a sus crías. Muchos criadores se rigen por la regla de los tres golpes, lo que significa que si un conejo muestra incapacidad para ser madre tres veces, pone al animal en situación de ser sacrificado. La gente se encariña con los animales que cría, por lo que puede ser una decisión difícil de tomar. Una operación de cría de conejos de carne es diferente de una operación de santuario o de cría de mascotas en el sentido de que el sacrificio puede convertirse en parte del modelo de negocio.

La forma más común de aplicar la eutanasia a un conejo es poniéndolo bajo anestesia, ya sea por inhalación o por inyección, y procediendo después a decapitarlo. El conejo no experimentará ningún dolor ni sufrimiento cuando se utilice este método. Otra forma en que se aplica la eutanasia a los conejos es mediante una inyección letal en su vena principal. Este método también mata al conejo sin dolor. Estos métodos de eutanasia los lleva a cabo un veterinario cualificado. Puede ser peligroso intentar estos métodos usted mismo como persona no cualificada porque un error puede provocar el sufrimiento prolongado de un conejo.

Recurrir a un veterinario para aplicar la eutanasia a sus conejos puede resultar caro, por lo que algunos criadores optan por aplicar la eutanasia a sus propios animales. En el caso de los gazapos jóvenes, es más fácil matarlos porque son más pequeños y frágiles. Un rápido movimiento con un cuchillo afilado para decapitar a un conejo, empezando desde la columna hacia abajo, puede acabar con la vida del animal de forma relativamente indolora. Con los conejos más viejos, utilizar un cuchillo no es tan humanitario porque la columna vertebral es lo bastante fuerte como para impedir un corte limpio. Con conejos más jóvenes, también puede utilizar el método del cuenco para la eutanasia. El método del cuenco lo utilizan a veces las tiendas de animales para sacrificar ratones y conejos, que sirven de alimento a las serpientes. Coloque el cuenco en la nuca del gazapo. Empuje con fuerza el cuenco hacia abajo mientras tira de las patas traseras del gazapo. Este método disloca las cervicales del gazapo, lo que produce una muerte instantánea. Algunas personas utilizan cámaras de dióxido de carbono para aplicar la eutanasia a los conejos, pero este método es indeseable porque la muerte es lenta.

Sacrificio compasivo

Sus conejos se crían para carne, por lo que en algún momento habrá que sacrificarlos. Puede subcontratar el sacrificio a una persona más experta o puede aprender a sacrificar los conejos usted mismo. Cuando externalice el sacrificio, debe tener en cuenta dos factores principales. En primer lugar, la persona que designe debe saber cómo matar a sus animales sin causarles sufrimiento. En segundo lugar, hay que tener en cuenta algunos costes, porque lo más probable es que pague por el servicio. Por lo tanto, si va a vender su carne de conejo, el proceso de sacrificio deberá tenerse en cuenta en su precio de venta.

Tiene la opción de vender sus conejos vivos a carniceros. Si opta por esta opción, también deberá investigar sobre las condiciones del matadero. Es aconsejable hacer un recorrido por el lugar para ver si cumple sus normas éticas. Habrá que aturdir a los conejos antes de matarlos o, si no están adormecidos, utilizar un cuchillo afilado para asegurarse de que la muerte sea instantánea. Además, es esencial comprobar la limpieza del matadero porque las condiciones insalubres pueden provocar más sufrimiento a los animales y la contaminación de la carne, lo que causa malestar a las personas que consumen el producto.

Los criadores caseros también utilizan otros métodos para sacrificar a los conejos. Uno de los métodos más destacados es utilizar un objeto contundente para golpear con fuerza al conejo en la cabeza. Golpear al conejo en la cabeza hace que el animal quede inconsciente. Una vez noqueado el conejo, se utilizará un cuchillo afilado para cortar una de las arterias principales de su garganta y desangrarlo. El problema de utilizar fuerza contundente para noquear a un conejo es que si se le golpea incorrectamente y el golpe no es preciso, el conejo no quedará inconsciente con el primer golpe. Supongamos que el conejo no queda inconsciente tras el primer golpe. En ese caso, se necesitarán múltiples golpes para dejar inconsciente al animal, lo que causa dolor y trauma antes del sacrificio.

El método más humano de sacrificio consiste en dislocar las cervicales (cuello). Para ello, utilice un cuchillo afilado para cortar la columna vertebral mientras se tira de las patas traseras del conejo. Este método es más difícil de utilizar en conejos más viejos porque sus espinas dorsales son más fuertes, por lo que el cuchillo tiene que estar extremadamente afilado y hay que aplicar mucha presión. Además, el método requiere habilidad, por lo que es poco probable que un principiante sea capaz de sacrificar sin dolor a un conejo utilizando este método. Si va a dislocar las cervicales de sus animales para asegurarse una muerte instantánea, es mejor que lo haga guiado por un profesional familiarizado con el proceso. Unas cuantas lecciones antes de intentar el método por su cuenta podrían ser muy beneficiosas para mantener un gran nivel ético.

Los conejos son animales sociales, por lo que se recomienda apartar del grupo a los que vaya a sacrificar para reducir el estrés. Además, teniendo en cuenta que los conejos pueden ser propensos a los problemas cardíacos, así como sensibles a las temperaturas extremas, es esencial asegurarse de que el entorno del sacrificio sea tranquilo y con la temperatura controlada. Su conejo debe estar bien sujeto para evitar que se mueva, lo que podría provocar un corte inexacto que dañe al animal. Las condiciones en las que sacrifique al animal son tan importantes como su técnica de sacrificio.

Minimizar el estrés

El estrés de los conejos suele estar relacionado con el entorno en el que se crían. Muchas operaciones de cría utilizan jaulas pequeñas hacinadas en un espacio limitado para poder maximizar los beneficios. Esto crea un entorno estresante para los conejos en el que pueden mostrar comportamientos antisociales como hacerse daño a sí mismos y a los demás. Los conejos son social y psicológicamente complejos y necesitan un entorno humanitario que les permita prosperar. Una de las formas más humanas de criar conejos es la llamada cunicultura. En esta forma de cría de conejos, los animales disponen de espacio para pastar de forma natural como si estuvieran en libertad. Puede resultar más costosa porque se necesita más espacio para producir menos conejos. Sin embargo, es una de las mejores formas de dar a un conejo una vida sin estrés antes de sacrificarlo.

El recinto en el que mantenga a sus conejos debe ser limpio, espacioso y seguro. Un entorno inseguro puede hacer que sus conejos contraigan enfermedades o se lesionen. Estas enfermedades y lesiones que se producen en entornos de vida inhumanos se suman al sufrimiento que experimentan los conejos antes de ser sacrificados. Un recinto aceptable debe tener espacio suficiente para que los conejos puedan moverse y, preferiblemente, debe tener varios niveles para que los conejos puedan saltar y gatear. El cercado también debe estar instalado de forma que no tenga partes salientes que puedan cortar o herir a los conejos. Las condiciones de sacrificio humanitario requieren un alojamiento suficiente.

Dado que los conejos son sociables, interactuar con ellos a menudo puede generarles la suficiente confianza como para que su presencia los tranquilice. Asear a sus conejos e interactuar con ellos durante la alimentación puede ayudarles a establecer un vínculo con usted. La conexión que establece al entablar una relación con sus conejos significa que estarán más tranquilos cuando los lleven al matadero. Como criador compasivo, debe reducir el sufrimiento de los conejos hasta que acaben en la guillotina.

El estado psicológico es tan importante como el físico. Los conejos que se encuentran en un mal estado mental pueden verse aún más afectados físicamente. El comportamiento de sus conejos le mostrará el estado mental en el que se encuentran. Por ejemplo, los animales angustiados tendrán hábitos de aseo alterados y mordisquearán su jaula o incluso darán vueltas a su recinto repetidamente. Cuando los miembros de la manada muestran este tipo de comportamientos, puede ser una señal para ajustar la forma en que está cuidando a los animales. Maximizar el confort de sus conejos repercutirá en su producto final, ya que le proporcionará carne de alta calidad, porque la salud mental y física de los conejos contribuye a su desarrollo.

Si el entorno en el que cría a sus conejos está libre de estrés para los animales, también puede favorecer su operación de cría al proporcionar camadas más numerosas. La fertilidad puede estar ligada a la psicología porque las conejas angustiadas pueden tener problemas cardíacos que repercuten en su apareamiento. No solo los conejos se benefician de la consideración por su estado mental, sino también usted, porque sus conejas reproductoras producirán camadas más grandes y sanas si su estado mental está tranquilo. Manteniendo un entorno tranquilo y saludable, puede producir carne que se venderá con prima. Disponer de carne de primera calidad puede ser rentable, sobre todo teniendo en cuenta que el mercado de la carne de conejo es menor que el de otros animales domésticos como pollos, ovejas o vacas.

Trato ético de los animales

La necesidad de sacrificar y aplicar la eutanasia a los animales sin dolor para evitar el sufrimiento se basa en el principio del trato ético de los animales. Muchas organizaciones de la industria ganadera crean normativas que regulan la forma en que los ganaderos pueden tratar a los animales. Diversos grupos activistas desafían algunas de estas normativas porque son conscientes del bienestar de los animales. Dado que la industria de la cría de conejos no está tan estrictamente regulada como otras granjas cárnicas, el trato ético de sus animales recae sobre los hombros de los criadores individuales. La iniciativa de tomar las precauciones necesarias para construir una granja humanitaria depende en gran medida de su propio enfoque ético.

La investigación sobre la psicología y las complejas estructuras sociales de los conejos puede servir de guía para crear una granja ética en la que se promueva la cría compasiva. El objetivo es comprender a los conejos lo suficiente como para crear un entorno en el que puedan prosperar física y psicológicamente. Aunque sus conejos son, en esencia, una mercancía, eso no significa que deba ignorarse su bienestar. Le conviene tratar a sus conejos éticamente porque unos conejos más sanos producirán mejor carne.

Los criadores tienen la obligación de ser cuidadosos - y varios organismos reguladores rigen cómo puede usted tratar a sus animales. Ajustarse a la ley es solo el primer paso para ser ético. La cría compasiva implica que existe una conexión emocional con los animales que usted cría. Las operaciones a gran escala tienden a crear frialdad debido al enfoque metodológico de fábrica que tienen para criar y sacrificar conejos. Como criador, se encuentra en la posición única de utilizar la naturaleza a pequeña escala de su operación de cría para crear un estilo de cuidado más personalizado. A diferencia de sus homólogos de las granjas industriales, usted puede dedicar tiempo a cuidar de cada conejo individualmente para asegurarse de que viven su mejor vida.

La conexión emocional que establece con sus animales, unida a estar bien documentado, informado y educado, construye los cimientos de una explotación compasiva. La diferencia entre la compasión y la indiferencia es la capacidad de sentir el dolor ajeno. Por lo tanto, establecer un vínculo fuerte respaldado por un conocimiento científicamente informado puede ponerle en situación de comprender el dolor y los deseos de sus conejos. Desde la cornisa de la comprensión, puede pasar por alto una instalación de cría que sea humana, rentable y funcional.

Capítulo 9: Utilización de subproductos del conejo

La carne de conejo, en comparación con otras carnes, es una rica fuente de proteínas y más saludable que la mayoría. Más allá de su deliciosa carne, los conejos también se cultivan por sus subproductos, que son rentables y pueden proporcionarle un flujo regular de ingresos. Por lo tanto, este capítulo enseña el uso ético y eficiente de todas las partes del conejo y el uso beneficioso del estiércol de conejo para la jardinería. Además, se le orientará sobre el uso de otros subproductos como huesos y órganos.

Uso ético y eficiente de todas las partes del conejo

Cabeza: En algunos países se comen la cabeza y el cerebro de los conejos. Recetas como la cabeza de conejo picante de Sichuan y la pasta de cabeza de conejo son ejemplos de recetas en las que se utilizan la cabeza y el cerebro. Tradicionalmente, la cabeza de conejo se utiliza en guisos y para caldos. También se utilizan para alimentar a perros, cerdos y pollos. Las cabezas de conejo se trituran para alimentar a los pollos y la sangre, la carne y el hueso se consideran una buena opción para alimentar a las gallinas ponedoras.

El cerebro del conejo se utiliza en el proceso de curtido de pieles. Se cree que el tamaño del cerebro de cada animal es suficiente para curtir la piel de ese animal. Además, el cerebro es una rica fuente de ácidos grasos omega-3.

Orejas: Las orejas de conejo se deshidratan y se utilizan como golosinas para perros. También se pueden freír y comer con salsa chutney de albaricoque y jengibre.

Pieles: Con ellas se fabrican mantas, sombreros, abrigos y otras prendas para mantener el calor. Pueden añadirse a la ropa como pasamanería.

Patas: Puede convertir las patas de conejo en un amuleto de la suerte secándolas y añadiéndoles algunos elementos decorativos. Puede hacerlo añadiendo en un tarro pequeño alcohol isopropílico de frotar al 70%. Sumerja las patas completamente en la solución alcohólica durante dos días, creando un bloqueo en el pelaje. Este alcohol deshidratará las células, matando hongos y bacterias. Aclare con agua limpia después de dos días. Mezcle un poco de bórax con agua en una proporción de 15 a 1. Puede utilizar agua caliente para que el bórax se disuelva rápidamente. Con sus propiedades antibacterianas y antifúngicas, el bórax deshidratará el tejido y la piel para preservar el pie. Asegúrese de sumergir completamente los pies en la mezcla, dejándola durante un día. Pasado un día, saque el pie de la mezcla para secarlo al sol. Límpielas con un cepillo y añada cuentas o cualquier adorno que desee. Las patas de conejo también pueden congelarse o secarse para hacer golosinas para perros.

Cola: Durante siglos, la cola de conejo se ha utilizado para polinizar flores. Esto se consigue atando la cola a un palo, frotándola sobre las flores masculinas y femeninas, y transfiriendo el polen. Además, la cola se utiliza para hacer llaveros, tiradores de cremalleras y golosinas para perros.

Sangre: La sangre de conejo se utiliza para hacer morcilla y salchichas. Puede utilizar la sangre de conejo para hacer embutidos y para espesar salsas. La sangre puede mezclarse con serrín para convertirla en aditivos para el suelo o mezclarse con agua y verterse alrededor de sus árboles, arbustos y bulbos para fertilizarlos.

Hígado: El hígado se utiliza para hacer paté de hígado y contiene bastante hierro. También sirve para alimentar a perros, pollos o cerdos en su forma cocida o cruda.

Riñón: Puede comer el riñón solo porque es nutritivo y sabroso o hacer con él un pastel de carne de conejo, relleno y salchichas. Además, puede alimentar a sus mascotas con el riñón crudo.

Corazón: El corazón del conejo puede servirle como fuente de oligoelementos, vitaminas del grupo B y coenzima Q-10. También puede alimentar con ellos a sus mascotas.

Pulmones: Puede alimentar con los pulmones a sus cerdos, pollos o mascotas, ya sea en su forma cruda o cocida.

Estómago/Páncreas: Puede utilizarlos como pienso para sus cerdos o perros.

Útero/Testículos: Se utilizan como pienso crudo para perros, pollos o cerdos.

Estiércol de conejo: Es conocido como el mejor fertilizante del mundo para su granja o jardín. Contiene aproximadamente un 2% de nitrógeno, un 1% de potasio y un 1% de fósforo.

Orina de conejo: La orina de conejo se mezcla con el agua en una medida de 10:1, combate los pulgones y fertiliza las plantas.

Huesos: Los huesos de conejo hacen abono para el fertilizante de harina de huesos y preparan un sabroso caldo de conejo.

Grasa: Sirve para hacer velas o jabón y puede convertirse en manteca de cerdo o alimentar a pollos y animales domésticos.

Intestinos: Puede utilizar los intestinos para alimentar a sus cerdos o perros o cavar un hoyo y enterrarlos, ya que actúan como abono para su tierra.

Uso general de todas las partes

Mientras que el mercado americano utiliza principalmente la carne y se deshace del resto, la gente de otras partes del mundo va más allá de la carne y ha encontrado un uso para cada parte del conejo. La carne de conejo le proporciona las proteínas necesarias para desarrollar sus músculos, pero los órganos, cuando se consumen, alimentan sus órganos. ¿Cómo? Los huesos de conejo, cuando se mezclan, pueden actuar como un elixir curativo que refresca su sistema digestivo. Los huesos y las articulaciones pueden mezclarse y convertirse en caldo de huesos.

Las partes sin clasificar de los conejos que no necesite pueden servir de alimento a sus mascotas o congelarse y venderse a otras personas que puedan necesitarlas crudas para sus mascotas. Los perros y gatos con alergias o problemas de salud deben alimentarse con conejos. Por eso la demanda de orejas, cabezas, órganos, carne y pieles de conejo es alta.

Las partes de los conejos y su carne suministran a los perros varias dietas crudas y con huesos de modelo de presa. Con los conejos, nada se desperdicia.

El pelaje del conejo

Todas las variedades de conejo tienen un pelaje texturizado que hace que destaque su producción de lana o piel

https://www.pexels.com/photo/selective-focus-photo-of-rabbit-2061754/

¿Alguna vez ha admirado sus jerséis y apreciado la cálida lana? Sin saberlo, su gratitud también debería dirigirse al conejo. Durante siglos, la piel de conejo se ha utilizado para obtener lana, lo que ha dado lugar a un importante comercio de pieles. Cada variedad de conejo tiene un pelaje con una textura que hace que su producción de lana o piel sea excepcional. Existen diferentes métodos para eliminar el pelo de su conejo. El primer método consiste en quemar el pelaje del conejo con fuego. Otro método es utilizar agua caliente para pelar el pelaje del conejo. En tercer lugar, puede utilizar la técnica del cuchillo o sin cuchillo.

Utilizando el cuchillo

- Corte la cabeza del conejo o utilice un cuchillo para degollarlo. Es una de las formas más humanas de matar al conejo. Otra forma de realizar el trabajo es rompiendo el cuello del conejo para que no sufra.

- Justo por encima de las articulaciones de las patas del conejo, corte un anillo alrededor de cada pata. En este momento, las patas del conejo deben estar ensartadas en una cuerda. No corte profundamente la piel del conejo. Corte solo lo suficiente para llegar a la piel.

- Haga un solo corte en cada pata subiendo desde la anilla hasta las nalgas del conejo. Esto simplificará el desuello al final.

- Trabajando desde el corte en anillo que hizo antes en la pata hasta las nalgas o la zona genital del conejo, tire un poco de la piel. La piel debería desprenderse fácilmente a medida que tira.

- Ábrase paso a través del hueso de la cola haciendo un corte, asegurándose de no perforar o seccionar la vejiga de ninguna manera.

- Con ambas manos, empiece a tirar del cuero para separarlo del cuerpo del conejo. Como si pelara un plátano, la piel se desprende fácilmente en este punto.

- Donde está el brazo, introduzca los dedos en las mangas de la piel, sacando suavemente el brazo de la piel. Esto puede ser un reto al principio, pero no se rinda, ya que se hace más fácil a medida que sigue trabajando con los dedos a través de las mangas.

- Continúe tirando de la piel desde la parte superior del torso hasta la cabeza. Deje que la piel descanse en la base del cráneo.

- Separe la cabeza de la columna vertebral si no lo ha hecho en los primeros pasos. Con esto, la piel debería estar completamente separada de la carne restante del conejo.

- Rompa los huesos del brazo y la pata con las manos y, a continuación, retire completamente la piel de la articulación con el cuchillo.

- Guarde las pieles para curtirlas, según sea necesario, mientras adereza y limpia la carne.

Sin cuchillo

- Coloque la mano alrededor de la rodilla del conejo, empujando la articulación de la rodilla hasta que se salga de la piel, dejando al descubierto la carne. Empuje la rodilla en una dirección mientras tira de la piel en la dirección opuesta.

- Con el dedo, rodee la pata hasta que la piel se separe de la articulación.

- Mientras tira de la piel hacia abajo, concéntrese en tirar de la articulación de la rodilla hacia arriba hasta que se haya retirado la mayor parte de la piel de una de las patas. Este paso puede compararse a bajarse los pantalones (piel del conejo) y dejar al descubierto la piel.

- Haga lo mismo con la otra pierna.

- Por debajo de los genitales, mueva las manos bajo la piel que atraviesa el vientre. Retire la piel del vientre tirando de ella hacia dentro.

- Ponga las manos en la zona de las nalgas inmediatamente por encima de la cola y trabaje bajo la piel hasta la parte posterior del conejo.

- Tire de la piel con ambas manos hasta que llegue al brazo del conejo.

- Rompa la piel entre la cabeza y el brazo delantero con los dedos. Siga tirando de las mangas de la piel hacia arriba, alejándolas de la carne del brazo.

- La espina dorsal debe agrietarse donde conecta con la cabeza.

- Guarde la piel para curtirla o para otros usos mientras usted faena y limpia la carne.

El uso de agua caliente

- Corte la cabeza del conejo o estrangule el cuello para aliviar el dolor de la muerte.

- Ponga el conejo en un cuenco y vierta agua hervida en él. Asegúrese de verter el agua hirviendo sobre el cuerpo del conejo para que la piel pueda desprenderse fácilmente.

- Deje que el conejo permanezca en el agua caliente durante 10 minutos. Esto asegura que la piel del conejo esté bien empapada para ayudar a desprenderla del cuerpo.

- Empiece a arrancar el pelo del cuerpo del conejo. Esto debería ser fácil, ya que el agua ha empapado bien el pelaje.

- Compruebe que no queda pelo y que el cuerpo está liso pasando las manos por el cuerpo del conejo.

Esta técnica es para los que están más interesados en el aspecto de la carne que en el pelaje.

Cómo limpiar la piel del conejo

Cuando termine la fase de desollado de la piel, lávela con agua fría para que se enfríe enseguida. No se preocupe por el tejido o la grasa que quede en ella en este momento. Su esfuerzo debería emplearse mejor en lavar los restos de sangre que queden en la piel porque es muy probable que quede una mancha marrón permanente en el cuero si la sangre no se elimina adecuadamente durante esta fase. Si utiliza jabón o detergente, aunque no es necesario, asegúrese de que los restos de este limpiador se eliminan correctamente antes de pasar a la siguiente fase. Extraiga con cuidado el agua restante de la piel una vez que haya terminado el aclarado.

Otra forma de limpiar la piel es con una lavadora. Si existe la posibilidad de que trozos de pelo y grasa obstruyan la manguera de desagüe al utilizar una lavadora, evítela y, en su lugar, lave la piel a mano. Le permitirá examinar el pelaje de cerca. Cuando haya terminado de limpiar a fondo la piel, consérvela secándola en una camilla, salándola, secándola o congelándola.

Usos de la piel de conejo

He aquí algunos de los usos de la piel de conejo:

- Ropa
- Ropa de cama
- Relleno de muñecos de juguete
- Para hacer fieltro

Usos del estiércol de conejo en jardinería

¿Se puede utilizar el estiércol de conejo como abono en el jardín?

El estiércol de conejo es una forma excepcional de abono. Tiene un alto nivel de nutrientes, puede utilizarse fresco y no quema las raíces de las plantas como otros estiércoles. Es justo el acondicionador del suelo adecuado para utilizar en cualquier jardín.

He aquí algunas ventajas de su uso:

Rico en nutrientes: El estiércol de conejo es dos veces más rico que el de pollo y contiene cuatro veces más nutrientes que el de caballo o vaca.

Fácil de trabajar: El estiércol de conejo no tiene el mismo olor ofensivo que otros tipos de estiércol. Al estar en forma de pequeñas paletas redondas, puede manipularlo fácilmente y aplicarlo a su jardín. También es más seco en comparación con el estiércol de pollo.

Puede utilizarse fresco: Puede aplicar el estiércol de conejo directamente a su jardín sin necesidad de realizar un compostaje previo. Otros estiércoles, como el de gallina, vaca y caballo, deben compostarse antes de considerarse listos. Si los utiliza frescos, pueden quemar las raíces de sus plantas. Estos estiércoles deben estar bien descompuestos, lo que lleva hasta tres meses.

Versátil: Los gránulos de estiércol de conejo se utilizan en parterres ornamentales y huertos. Además, son una rica fuente de nitrógeno para poner en marcha una pila de compost y se utilizan para recebar el césped.

Sin semillas de malas hierbas: El estiércol de conejo suele obtenerse de conejos domésticos no alimentados con semillas de malas hierbas viables. Este estiércol se extrae de debajo de las conejeras donde se alojan los conejos de compañía. Dado que el estiércol de oveja es tan maleza, el estiércol de conejo está libre de malas hierbas cuando se utiliza en su jardín. Asegúrese de que su material de cama para conejos no se acerque al estiércol, por eso es mejor utilizar materiales de cama libres de malas hierbas.

El estiércol de conejo es asequible: El precio es otra maravillosa ventaja de utilizar estiércol de conejo en jardinería. Puede conseguirlo a nivel local o comercial a través de puntos de venta en línea.

El estiércol de conejo es seguro: El estiércol de conejo puede utilizarse alrededor de las mascotas y las plantas de la casa sin ponerlas en peligro con enfermedades zoonóticas.

El estiércol de conejo es un fertilizante 2-1-1: Una de las principales ventajas de utilizar estiércol de conejo es que es un fertilizante 2-1-1. Se compone de nitrógeno, potasio y fósforo.

Esta composición es perfecta para fomentar el crecimiento sano de las plantas. Sus beneficios para las plantas se aprecian desde la siembra hasta la cosecha, ya que aporta los nutrientes necesarios para un ciclo de crecimiento resistente.

Estos macronutrientes son vitales en el estiércol de conejo:

- **Nitrógeno:** Es necesario para el crecimiento vegetativo de hojas verdes.

- **Fósforo:** Es necesario para la fructificación, el crecimiento del tallo y la formación de raíces.

- **Potasio:** Es necesario para la maduración de los frutos, la floración y la resistencia a las enfermedades.

Estiércol de conejo como acondicionador del suelo: El estiércol de conejo es un buen acondicionador del suelo. Como fuente de materia orgánica, mejora la retención de la humedad y el drenaje, así como la estructura del suelo cuando se entierra en él. Debido a su nivel de nutrientes, las lombrices de tierra y los microorganismos se benefician del estiércol de conejo.

El uso de huesos y órganos de conejo

El uso de los órganos de conejo

Los órganos de conejo se consideran el alimento lleno de nutrientes de la naturaleza. La razón es que su consumo aporta muchos beneficios para la salud. El hígado de conejo tiene un tamaño razonable y un sabor entre suave y moderado. Combinado con otros órganos como el corazón y el riñón, resultan sabrosos cuando se fríen con beicon y cebolla. Puede asar los órganos con cebolla y ajo, triturarlos hasta hacer una pasta y untarlos en galletas saladas.

He aquí los órganos del conejo y su contenido en proteínas y nutrientes vitales necesarios para su organismo.

- **Riñón:** Es rico en zinc, vitaminas A, D, E, K, magnesio, hierro, folato y vitaminas del grupo B, incluida la B12.

- **Hígado:** Es rico en potasio, zinc, vitaminas A, B2, B6, B9, B12, D, C, E, calcio, magnesio, fósforo, niacina, folato, colina, cobre y hierro.

- **Corazón:** Contiene vitaminas B6, B12, folato, hierro, fósforo y cobre. Estos son algunos de los beneficios que se obtienen del consumo de órganos de conejo.

El uso de los huesos de conejo

Los huesos de conejo son ricos en potasio, calcio, magnesio, fósforo y otros minerales necesarios para desarrollar y nutrir sus huesos. Además, los huesos de conejo mejoran la salud de las articulaciones.

El hueso de conejo es una base de sabor perfecta para caldos, consomé, caldo y mucho más. Este hueso produce un caldo sedoso y con cuerpo, un buen potenciador del sabor de las recetas. Es sabroso cuando se toma solo. Puede hervir sus huesos de conejo o asarlos para aumentar su sabor. El caldo de conejo, en cualquier receta, puede sustituir al agua.

Si desea esa capa extra de sabor cuando prepare patatas, arroz, lentejas o alubias, considere la posibilidad de incluirlo en su plato y tenerlo en su despensa como un importante potenciador del sabor.

La analogía de tener su pastel y comérselo, en este caso, es que usted disfruta tanto de la carne como de sus subproductos porque los beneficios de todas las partes del conejo pesan más en comparación con solo la carne. Así que, la próxima vez que descuartice un conejo, sepa que la piel, la cola, la cabeza, los excrementos, etc., no son solo desechos. Pueden rendir más de lo que se imagina.

Capítulo extra: Cría responsable de conejos: Ética y normativa

¡Enhorabuena! Ha recorrido un largo camino. Ahora es plenamente consciente de lo que necesita saber y tener cuando cría conejos para carne. Sin embargo, aún hay algunas cosas que añadir: la ética y la normativa que rigen la cría de conejos.

Criar animales para la alimentación conlleva mucha responsabilidad. Como agricultor, depende de usted asegurarse de que sus conejos vivan felices y sanos y sean tratados con humanidad. Tendrá que tomar decisiones difíciles sobre cuántas camadas criar, cómo despachar a los conejos de forma humanitaria y cómo vender o distribuir la carne de forma legal y ética.

Criar conejos para carne no es un pasatiempo; tampoco son conejos simples mercancías que se envían para obtener comida o ingresos. Es un negocio que requiere compasión y empatía.

La responsabilidad moral de criar animales para la alimentación

Éticamente, criar conejos para carne es una gran responsabilidad. Poniendo el esfuerzo necesario para mantener a sus animales sanos y felices y esforzándose por proporcionarles una vida y una muerte buenas y humanas, podrá disfrutar de los frutos de su trabajo con la conciencia tranquila. Hay algunas cosas clave a tener en cuenta, que implican:

• Investigar

Conozca las necesidades de sus conejos y asegúrese de que puede comprometerse a satisfacerlas. El alojamiento, la nutrición, el manejo y la atención sanitaria adecuados no son opcionales. Por lo tanto, investigue la normativa relativa a la cría, el alojamiento y las normas sobre la venta de carne en su zona. Cuanto más sepa, mejor podrá cuidar de sus conejos.

Conozca las necesidades de sus conejos y asegúrese de que puede comprometerse a satisfacerlas
https://www.pexels.com/photo/photo-of-a-woman-thinking-941555/

• Centrarse en el bienestar

Sus conejos deben tener buenas condiciones de vida, oportunidades para hacer ejercicio, comida de calidad y atención veterinaria. Vigílelos a diario para detectar signos de angustia o enfermedad y actúe con rapidez. Manéjelos con suavidad y muévalos con calma para evitar el estrés. Asegúrese de que cualquier equipo utilizado para su cuidado tiene el tamaño y el mantenimiento adecuados. El bienestar de sus conejos debe ser la máxima prioridad.

• Comprometerse con la cosecha responsable

Cuando llegue el momento de descuartizar a su conejo, utilice los métodos más humanos que pueda, asegurando así una muerte rápida e indolora. Disponga de un plan y de las herramientas adecuadas para el sacrificio. Recuerde que estos animales le han proporcionado sustento a usted y a su familia, por lo que merecen su máximo respeto, incluso al final de sus vidas.

Proporcionar un buen nivel de bienestar y un trato humanitario

Proporcionar un alto nivel de bienestar y trato humano a sus animales no es negociable como cunicultor responsable. Los conejos son criaturas vivas que sienten dolor, miedo y angustia, por lo que merecen su compasión.

Asegúrese de que sus conejos disponen de un alojamiento espacioso y bien ventilado que les proteja de las inclemencias del tiempo. Proporcióneles oportunidades para moverse libremente y mucha estimulación mental. Aliméntelos con una dieta sana y deles acceso constante a agua fresca y limpia. Asegúrese de que sus conejos son vigilados a diario y llevados al veterinario en cuanto sea necesario.

Habiendo criado usted mismo a estos conejos, es justo que los sacrifique de la forma menos dolorosa y más rápida posible. La opción más ética para sacrificar conejos es la dislocación cervical (rotura del cuello), realizada por un operario experto. Algunos granjeros prefieren contratar una unidad móvil de sacrificio para aturdir y matar a los conejos in situ. Sea cual sea el método que elija, asegúrese de que provoca una muerte rápida e indolora.

También existen normativas en torno a la cría, alojamiento, transporte y venta de conejos y carne de conejo que debe cumplir. Investigue las leyes de su ciudad, condado y estado para asegurarse de que se mantiene dentro de los límites legales en cuanto al número de conejas y camadas permitidas y los requisitos para la venta de carne. Algunas zonas pueden exigir permisos, licencias o inspecciones.

Como administrador responsable de los animales y el medio ambiente, debe proporcionar un buen bienestar a los conejos, utilizar prácticas de cría sostenibles y cumplir todas las normativas. Al hacerlo, se sentirá orgulloso de producir alimentos nutritivos de forma amable y moral.

Leyes relevantes: Ley de Bienestar Animal

Comprender la normativa legal y las responsabilidades éticas de la cría de conejos debe ser una prioridad para los criadores de conejos. La Ley de Bienestar Animal establece normas para el cuidado y tratamiento humanitario de los conejos. Tratar a los conejos de forma humanitaria no es solo cuestión de normas. También se trata de crear un mundo mejor para sus amigos peludos.

Estas normas muestran cómo deben alojarse, manipularse y recibir atención médica los animales en los laboratorios o en las vibrantes arenas de los circos y zoológicos. Aunque la Ley de Bienestar Animal da prioridad a los animales utilizados para investigación, exhibición y entretenimiento, también tiende una red protectora sobre todas las criaturas, incluso sobre nuestras queridas mascotas. Esta Ley es un recordatorio de que la propiedad responsable y el cuidado atento se extienden a todos los rincones del reino animal.

La Ley de Bienestar Animal no es solo un documento legal; es un compromiso con la compasión. Llama a los ganaderos a abrazar la empatía y la bondad. Al familiarizarse con su contenido, se está comprometiendo a mantener una ética y unas normas decentes en la cría de conejos.

Varios estados tienen leyes adicionales para la cría de conejos. Estas leyes cubren las prácticas de cría, la venta de carne y la crueldad animal. Como criador de conejos, tiene que entender estas leyes y reglamentos; seguirlas cuidadosamente le ayudará a asegurarse de que dirige una operación ética y responsable. Por ejemplo, algunos estados prohíben la venta de carne no inspeccionada, incluida la de conejo. Es vital que se informe de las normativas locales.

Éticamente, como cunicultor, debe comprometerse con prácticas de cría responsables y humanitarias que respeten las necesidades básicas y los comportamientos naturales de los conejos. Algunos principios clave incluyen

• **Proporcionar un buen bienestar**

Mantener a los conejos sanos, darles espacio para hacer ejercicio y practicar el adiestramiento con refuerzo positivo.

• **Prevenir el sufrimiento**

Trate rápidamente las heridas o enfermedades, manipule y transporte a los conejos con cuidado y utilice métodos de sacrificio no crueles.

• **Honrar su vida natural**

Dé a los conejos oportunidades para socializar, buscar comida, escarbar y jugar. Enriquezca su entorno con túneles, juguetes y otros estímulos.

- **Utilizar prácticas sostenibles**

Considere la cría por rusticidad, capacidad de maternidad y otros rasgos útiles. Evite la cría excesiva.

Siguiendo estas pautas y manteniendo unos elevados estándares de cuidado, se sentirá seguro de estar actuando con integridad como criador de conejos.

Normativa sobre cría

La mayoría de las zonas tienen normativas sobre la cría de conejos para evitar la superpoblación y garantizar unas buenas prácticas de cría. Estas pueden limitar el número de camadas que una coneja puede tener al año y prohibir condiciones de enjaula miento inhumanas. Algunos estados exigen que los criadores tengan licencia y sean inspeccionados.

Normativa sobre la venta de carne

Para vender carne de conejo, debe conocer la normativa sobre producción y venta de alimentos de su zona. Estas suelen cubrir:

- **Licencias e inspecciones**

La mayoría de los lugares exigen una licencia para vender carne e inspecciones periódicas de sus instalaciones.

- **Requisitos de procesamiento**

La carne debe procesarse en un matadero con licencia o en una instalación personal aprobada por el gobierno. Además, debe seguir las normas específicas que rigen el sacrificio y la manipulación humanitarios.

- **Envasado y etiquetado**

La carne debe estar correctamente envasada, etiquetada y refrigerada o congelada para garantizar su seguridad y permitir su trazabilidad. Las etiquetas proporcionan información como el peso, los ingredientes, los datos del productor y la fecha de caducidad.

- **Leyes de zonificación**

Estas leyes regulan dónde puede criar, criar, procesar y vender conejos en su comunidad. Consulte con las autoridades locales los requisitos de su zona.

Consideraciones adicionales

Se aplican otras normativas, como el transporte de conejos, la importación de nuevos reproductores, el uso de productos farmacéuticos y la eliminación de residuos. Es una buena idea consultar con organizaciones como el Departamento de Agricultura de Estados Unidos (USDA), la Administración de Alimentos y Medicamentos de Estados Unidos (FDA) y la Asociación Americana de Criadores de Conejos para conocer las últimas normas, reglamentos y recomendaciones a seguir.

Requisitos de licencia para las granjas comerciales de conejos

Existen ciertas normas de licencia que debe seguir como cunicultor comercial. Sin embargo, varían en cada país y región.

En EE. UU., el Departamento de Agricultura de los Estados Unidos (USDA) supervisa las regulaciones para las granjas comerciales de conejos. Las explotaciones con más de 3.000 conejos deben obtener una licencia, registrarse en el USDA y cumplir unas normas mínimas de cuidado según la Ley de Bienestar Animal. Las granjas con licencia están sujetas a inspecciones sin previo aviso para comprobar la salud, el alojamiento y el manejo humanitario de los conejos.

Algunos de los requisitos clave para las granjas comerciales incluyen:

- Proporcionar a cada conejo espacio suficiente para estar de pie, tumbarse y darse la vuelta libremente.
- Acceso diario a comida y agua limpias.
- Sistemas adecuados de calefacción, refrigeración, ventilación e iluminación.
- Limpieza y desinfección periódicas de los recintos para mantener sanos a los conejos.
- Manipulación y cosecha de los conejos según las directrices del Instituto Americano de la Carne.

Además de las normas de bienestar animal, existen requisitos estrictos para la venta de carne de conejo para consumo humano. Entre ellos se incluyen:

- La carne debe procesarse en una instalación autorizada que siga los procedimientos adecuados de saneamiento y seguridad alimentaria.

- Las granjas deben mantener registros detallados para rastrear el origen y la distribución de toda la carne vendida.

Como granjero responsable, siga cuidadosamente todas las normativas y manténgase al día de cualquier cambio en las mismas. Establezca relaciones positivas con los inspectores y los responsables políticos. Además, recuerde siempre que las normativas existen para proteger el bienestar de sus animales, la seguridad de los consumidores y la sostenibilidad de su granja. Cumplirlas es clave para dirigir una explotación ética.

Transportar y manipular conejos de forma legal y ética

Transportar y manipular sus conejos de forma ética y responsable no solo es vital para su bienestar, sino también un requisito legal. Su deber moral como cunicultor es proporcionar cuidados humanitarios a sus animales durante todas las etapas de su vida, incluso cuando tenga que trasladarlos o manipularlos.

Cuando transporte sus conejos, debe seguir estas normas:

- **Proporcionar comida, agua y periodos de descanso**

En tránsito, los conejos deben tener acceso a comida al menos cada 12 horas, agua cada seis horas y periodos de descanso de cinco horas.

- **Utilice recintos adecuados**

Las jaulas de transporte deben estar construidas para proteger a los conejos de lesiones, contener los desechos y permitirles ponerse de pie, tumbarse y darse la vuelta. Los suelos de alambre están prohibidos.

- **Protección contra el clima extremo**

Los vehículos de transporte deben mantener temperaturas entre 45 y 85 grados Fahrenheit. Los conejos deben estar a la sombra y tener ventiladores/aspersores en climas cálidos.

- **Garantizar un manejo humanitario**

Los conejos deben manipularse con suavidad. No los sujete nunca por las orejas; utilice en su lugar zonas de agarre sobre el lomo y la grupa. Está estrictamente prohibido dejar caer, patear o lanzar a los conejos.

Cuando manipule y traslade a sus conejos en la granja, sea extremadamente cuidadoso. Los conejos pueden estresarse, asustarse y lesionarse con facilidad si no se les maneja adecuadamente. Muévalos despacio y con confianza, apoyando todo su cuerpo. Nunca los persiga ni haga movimientos bruscos ni ruidos fuertes a su alrededor.

Siguiendo estas normas y utilizando prácticas humanitarias en sus operaciones, criará conejos felices y sanos y construirá un negocio sostenible. Sus clientes apreciarán saber que su carne procede de animales bien cuidados.

Sacrificar conejos de forma humanitaria: Métodos y normas

Una vez que sus conejos estén listos para el sacrificio, es vital hacerlo de forma humanitaria y utilizar métodos que cumplan la normativa.

- **Dislocación cervical**

Es el método más común de sacrificio de conejos. Consiste en romper rápidamente el cuello para seccionar la médula espinal, lo que mata al conejo al instante. Se requiere una formación adecuada para realizar esta técnica de forma humana y eficiente. Sin embargo, está prohibida en algunas zonas, así que consulte la normativa local.

- **Aturdimiento eléctrico**

El aturdimiento eléctrico es otra opción. Este método utiliza una corriente de bajo voltaje para aturdir al conejo antes de desangrarlo. Se requiere equipo especializado y existen directrices estrictas sobre voltaje, amperaje y duración del aturdimiento. Cuando se hace correctamente según la ley, este método se considera humanitario.

- **Despacho por bala**

En las granjas pequeñas, el disparo de bala está permitido y se considera humanitario cuando lo realiza un tirador experto con el arma de fuego y la munición adecuadas. Sin embargo, muchas zonas prohíben la descarga de armas de fuego y tienen normativas adicionales sobre almacenamiento, licencias, ruido y responsabilidad, que deben tenerse en cuenta.

Directrices para el sacrificio humanitario

- Dejar al animal inconsciente e insensible al dolor inmediatamente.

- No sujete al animal de forma que le cause heridas o dolor antes de la inconsciencia.

- Compruebe que el animal está inconsciente y que no recupera el conocimiento antes de morir.

- Desangre al animal tan pronto como esté inconsciente para asegurar su muerte.

- Proporcione una formación adecuada a cualquier persona que lleve a cabo métodos de sacrificio humanitario.

- Siga todas las leyes locales, estatales y federales relativas al sacrificio humanitario y a la seguridad alimentaria.

Sus conejos se merecen un final rápido y sin dolor, y sus clientes se merecen una carne segura y producida de forma humanitaria. Con diligencia y compasión, puede conseguir ambas cosas.

Cómo deshacerse de los restos de los conejos de forma adecuada y legal

Deshacerse adecuadamente de sus conejos tras el sacrificio es vital por razones legales y sanitarias. Como ganadero, debe manipular los restos correctamente.

Métodos adecuados de eliminación

Los métodos más comunes para deshacerse de los restos de los conejos son el enterramiento, la incineración y el compostaje. Enterrar los restos a una distancia mínima de 60 cm de las fuentes de agua es aceptable en muchas zonas. Sin embargo, algunos lugares tienen normas que prohíben enterrar al ganado muerto, así que compruebe las ordenanzas locales.

Incinerar los restos en un incinerador autorizado también es una opción. Sin embargo, el equipo para este método puede ser caro, y pueden requerirse permisos. Compostar los restos en un contenedor de compostaje seguro con materiales marrones ricos en carbono como serrín, paja y hojas es un método sostenible, pero los restos pueden tardar entre 6 y 12 meses en descomponerse por completo. El compost no debe utilizarse en cultivos alimentarios.

Normativa y leyes de zonificación

La mayoría de las zonas prohíben verter los restos de los conejos en vertederos, cursos de agua y zonas abiertas. Existen leyes estrictas sobre la eliminación del ganado muerto para evitar la propagación de enfermedades y plagas. Es importante conocer la normativa de su ciudad o condado para evitar fuertes multas o problemas legales. Las leyes de zonificación también pueden prohibir el compostaje y la incineración de restos en zonas residenciales. Consulte siempre con las autoridades locales qué métodos de eliminación están permitidos y los permisos necesarios en su propiedad.

Una obligación ética

Como cunicultor, trate los restos como le gustaría que trataran los suyos. Mantener registros de la eliminación, el compostaje y la incineración a temperaturas suficientemente altas y proteger adecuadamente los restos de plagas y depredadores son prácticas de eliminación responsables y éticas. La forma en que maneja los restos dice mucho de su nivel de cuidado y respeto por los animales a su cargo. Haga lo correcto por sus conejos incluso después de que se hayan ido.

Ahí lo tiene: los entresijos de una cunicultura responsable y regulada. Usted es responsable del bienestar de sus animales y debe operar legal y éticamente como cunicultor. Proporcione buenos cuidados, un manejo humanitario y un entorno de vida sostenible. Infórmese sobre la normativa y reflexione detenidamente sobre la ética de criar animales para la alimentación.

Con diligencia y compasión, puede criar conejos de forma responsable sin perder de vista su deber moral hacia ellos
https://www.pexels.com/photo/smiling-girl-holding-gray-rabbit-1462636/

Con diligencia y compasión, puede criar conejos de forma responsable sin perder de vista su deber moral hacia ellos. Criar animales es una gran responsabilidad, pero si se hace correctamente, puede ser una experiencia gratificante para usted y su comunidad. Cuanto mejor conozca las prácticas de cría éticas, mejor preparado estará para tomar buenas decisiones y dar un ejemplo positivo.

Conclusión

Al concluir su aprendizaje de la cría de conejos para carne, debe abordar un sentimiento con el que mucha gente ha lidiado: la innegable ternura de estas criaturas peludas. Es completamente normal sentir una punzada de vacilación cuando se trata de sacrificar animales que ha cuidado. Sin embargo, como ha visto a lo largo de esta guía, las consideraciones prácticas y las ideas valiosas pueden ayudarle a encontrar un equilibrio entre sus emociones y sus objetivos.

Como cualquier aspecto de la agricultura familiar, la cría de conejos conlleva sus propios retos y recompensas. Elegir la raza adecuada para sus necesidades específicas es la base del éxito. Ya sea para la producción de carne o para rasgos específicos, comprender las características de la raza es clave. Proporcionar un alojamiento, una nutrición y unos cuidados médicos adecuados contribuye en gran medida a garantizar que sus conejos lleven una vida sana y productiva. Recuerde que criar conejos no solo tiene que ver con las necesidades físicas, sino también con el bienestar emocional. Pasar tiempo de calidad con sus conejos, observar sus comportamientos y crear un entorno libre de estrés puede contribuir significativamente a su salud y satisfacción general.

Cuando llega el momento de la transformación, es esencial abordarla con respeto y compasión. Emplear técnicas de cosecha humanitarias y utilizar la mayor parte posible del conejo demuestra un compromiso con las prácticas éticas. Aunque el camino de la cunicultura para carne es indudablemente gratificante, es crucial tener cuidado y ser consciente de los peligros potenciales. Mantener un régimen riguroso de prevención de enfermedades no es negociable. Los conejos son susceptibles a diversas enfermedades, por lo que mantenerse informado sobre los posibles riesgos para la salud y aplicar medidas preventivas puede ahorrarle disgustos en el futuro.

La cría debe abordarse siempre con un propósito claro y el compromiso de mejorar la raza. Criar en exceso o no tener en cuenta los factores genéticos puede provocar problemas de salud no deseados en las generaciones futuras. Emocionalmente, prepararse para la cosecha es un aspecto que no puede pasarse por alto. Está bien tener sentimientos encontrados, pero reconocer y reconciliar estas emociones es esencial para mantener una perspectiva saludable.

Enfoque cada paso de este viaje como una oportunidad para aprender y crecer. Habrá éxitos y desafíos, cada uno de los cuales contribuirá a su experiencia y pericia. Intente crear un equilibrio entre su conexión emocional con los conejos y el propósito práctico que tienen. Recuerde que criar animales para carne es una elección responsable que contribuye a la sostenibilidad y la autosuficiencia.

Vea más libros escritos por Dion Rosser

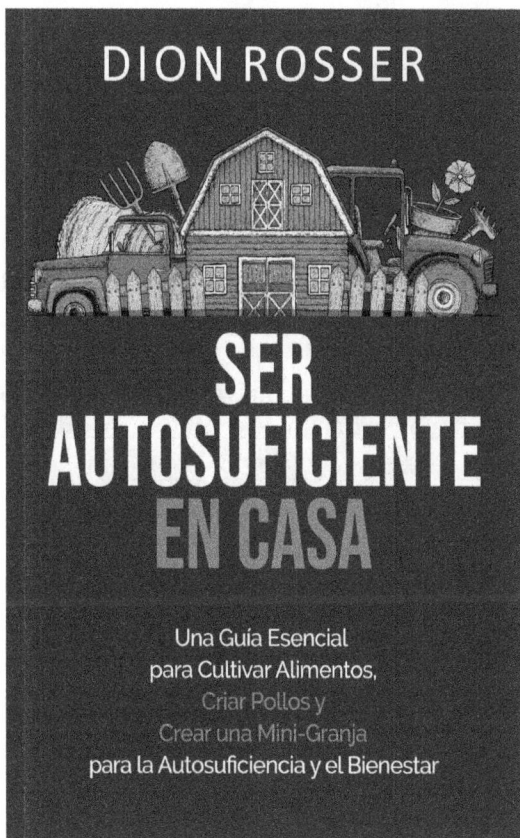

Referencias

(2008, March 20). Ethical breeding: 10 golden rules. Tru-Luv Rabbitry: Quality Holland Lops in Malaysia. https://truluvrabbitry.com/2008/03/20/ethical-breeding-10-golden-rules/

(2021, February 1). Slaughter: how animals are killed. Viva! The Vegan Charity; Viva! https://viva.org.uk/animals/slaughter-how-animals-are-killed/

(N.d.). Fao.org. https://www.fao.org/3/t1690e/t1690e.pdf

(n.d.). Killing rabbits for food. 3 best ways to kill a rabbit. Raising-rabbits.com. https://www.raising-rabbits.com/killing-rabbits.html

(n.d.). Recommended methods of euthanasia: Rabbits. Umaryland.edu. https://www.umaryland.edu/media/umb/oaa/oac/oawa/guidelines/Euthanasia_Rabbits_12.2020.pdf

(n.d.). Slaughtering and dressing rabbits. Msstate.edu. http://extension.msstate.edu/content/slaughtering-and-dressing-rabbits

(N.d.). Standardmedia.Co.Ke. https://www.standardmedia.co.ke/farmkenya/amp/article/2001340660/how-to-make-better-use-of-rabbits-by-products%2010

10 of the most common rabbit health emergencies. (2020, April 16). Best4Bunny. https://www.best4bunny.com/10-of-the-most-common-rabbit-health-emergencies/

Alyssa. (2019, November 4). What do you get from a meat rabbit? Homestead Rabbits. https://homesteadrabbits.com/meat-rabbit-parts/

Alyssa. (2019, October 11). Commercial meat rabbit growth rates. Homestead Rabbits. https://homesteadrabbits.com/meat-rabbit-growth-rates/

Alyssa. (2022, March 4). Raise Meat Rabbits: Quick start guide. Homestead Rabbits. https://homesteadrabbits.com/raise-meat-rabbits/

Alyssa. (2022, March 4). Raise Meat Rabbits: Quick start guide. Homestead Rabbits. https://homesteadrabbits.com/raise-meat-rabbits/

Baby rabbit information. (n.d.). Com.au. https://mtmarthavet.com.au/baby-rabbit-information/

Barnett, T. (2020, April 13). Can you keep rabbits outdoors: Tips for raising backyard rabbits. Gardening Know How. https://www.gardeningknowhow.com/garden-how-to/beneficial/can-you-keep-rabbits-outdoors.htm

Brad. (2021, January 3). Flemish Giant Rabbits: Care and Breeding. Northern Nester. https://northernnester.com/flemish-giant-rabbits/

Browning, H., & Veit, W. (2020). Is humane slaughter possible? Animals: An Open Access Journal from MDPI, 10(5), 799. https://doi.org/10.3390/ani10050799

Budnick, T. (n.d.). A "hare" raising lapse in meat industry regulation: How regulatory reform will pull the meat rabbit out from welfare neglect. Animallaw.Info. https://www.animallaw.info/sites/default/files/Rabbit%20Meat%20%26%20Regulatory%20Reform.pdf

Californian rabbit characteristics, origin, uses. (2022, January 31). ROYS FARM. https://www.roysfarm.com/californian-rabbit/

Caring for an older rabbit. (n.d.). Org.uk. https://www.rspca.org.uk/adviceandwelfare/pets/rabbits/senior

Carter, L. (2020, May 3). How to take care of baby bunnies. Rabbit Care Tips; Lou Carter. https://www.rabbitcaretips.com/how-to-take-care-of-baby-bunnies/

Code of practice for the intensive husbandry of rabbits. (2020, June 23). Agriculture Victoria. https://agriculture.vic.gov.au/livestock-and-animals/animal-welfare-victoria/pocta-act-1986/victorian-codes-of-practice-for-animal-welfare/code-of-practice-for-the-intensive-husbandry-of-rabbits

Collaborator, B. (2020, January 30). What temperature is too cold for rabbits? K&H Pet Products. https://khpet.com/blogs/small-animals/what-temperature-is-too-cold-for-rabbits

Creating a good home for rabbits. (n.d.). Org.uk. https://www.rspca.org.uk/adviceandwelfare/pets/rabbits/environment

Creating the ideal home for your rabbits. (n.d.-b). Org.uk. https://www.pdsa.org.uk/pet-help-and-advice/looking-after-your-pet/rabbits/creating-the-ideal-home-for-your-rabbits

Crossbreeding, outcrossing, linebreeding, and inbreeding. (n.d.). LOTS OF LOPS RABBITRY. http://www.lotsoflops.com/crossbreeding-outcrossing-linebreeding-and-inbreeding.html

Dec. (2017, December 21). Five common diseases that affect rabbits. Petmd.com; PetMD. https://www.petmd.com/rabbit/conditions/five-common-diseases-affect-rabbits

Diina, N. (n.d.). Farm4Trade Suite. Farm4tradesuite.com. https://www.farm4tradesuite.com/blog/10-reasons-to-start-raising-rabbits

Flemish Giant rabbit: Characteristics, uses, origin. (2022, January 31). ROYS FARM. https://www.roysfarm.com/flemish-giant-rabbit/

Guidelines for keeping pet rabbits. (2020, June 12). Agriculture Victoria. https://agriculture.vic.gov.au/livestock-and-animals/animal-welfare-victoria/other-pets/rabbits/guidelines-for-keeping-pet-rabbits

How to skin a rabbit: 2 easy methods (with pictures). (2009, May 2). WikiHow. https://www.wikihow.com/Skin-a-Rabbit

Humane slaughter: how we reduce animal suffering. (2014, May 27). World Animal Protection.

Is rabbit manure good to use in the garden? (2020, July 15). Deep Green Permaculture. https://deepgreenpermaculture.com/2020/07/15/is-rabbit-manure-good-to-use-in-the-garden/?amp=1

Jollity. (2020, February 7). Rabbit lifespan and life stages. Oxbow Animal Health. https://oxbowanimalhealth.com/blog/rabbit-life-stages/

Jones, O. (2020, April 15). 10 best meat rabbit breeds in the world (2023 update). Pet Keen. https://petkeen.com/best-meat-rabbit-breeds/

Kathryn. (2013, December 23). Colony raising rabbits: How to get started. Farming My Backyard. https://farmingmybackyard.com/colonyraisingrabbits101/

Kathryn. (2013, December 23). Colony raising rabbits: How to get started. Farming My Backyard. https://farmingmybackyard.com/colonyraisingrabbits101/

Kathryn. (2019, December 12). Which meat rabbit breeds should you raise? Farming My Backyard. https://farmingmybackyard.com/meat-rabbit-breeds/

Kathryn. (2019, May 29). The best ways to feed rabbits (besides pellets)! Farming My Backyard. https://farmingmybackyard.com/feed-rabbits/

Kellogg, K. (2022, January 4). How to tan a rabbit hide. Mother Earth News – The Original Guide To Living Wisely; Mother Earth News. https://www.motherearthnews.com/diy/how-to-tan-a-rabbit-hide-zmaz83jfzraw/

Klopp, J. (n.d.). Bunny Farming: Why Do People Farm Rabbits? Is It Cruel? Thehumaneleague.org. https://thehumaneleague.org/article/bunny-farming

Kruesi, G. (2020, January 3). Staying warm with rabbit wool. Chelsea Green Publishing. https://www.chelseagreen.com/2020/staying-warm-with-rabbit-wool/

Martin, A. (n.d.). Caring for the elderly or senior rabbit. Lafeber.com. https://lafeber.com/mammals/caring-for-the-elderly-or-senior-rabbit/

McClure, D. (n.d.). Disorders and Diseases of Rabbits. MSD Veterinary Manual. https://www.msdvetmanual.com/all-other-pets/rabbits/disorders-and-diseases-of-rabbits

Montano, C. (2021, January 18). Bone Broth or rabbit. Christinamontano.com. https://www.christinamontano.com/amp/bone-broth-or-rabbit

Murphree, M. E. (n.d.). Backyard grower-consumer perceptions of rabbit meat consumption in rural Mississippi al Mississippi. Msstate.edu. https://scholarsjunction.msstate.edu/cgi/viewcontent.cgi?article=6542&context=td

Ned, & Hannah. (2023, February 13). 6 surprising rabbit manure benefits. The Making Life. https://themakinglife.com/rabbit-manure-benefits/

New Zealand rabbit characteristics use origin. (2022, January 31). ROYS FARM. https://www.roysfarm.com/new-zealand-rabbit/

NOSE TO TAIL-uses for every part of the domestic rabbit. (2012, February 11). Rise and Shine Rabbitry. https://riseandshinerabbitry.com/2012/02/11/nose-to-tail-uses-for-every-part-of-the-domestic-rabbit/

Ockert, K. (2015, November 10). MSU extension. MSU Extension. https://www.canr.msu.edu/news/determining_cage_size_for_rabbits

Owuor, S. A., Mamati, E. G., & Kasili, R. W. (2019). Origin, genetic diversity, and population structure of rabbits (Oryctolagus cuniculus) in Kenya. BioMed Research International, 2019, 7056940. https://doi.org/10.1155/2019/7056940

Pellets and nutrition for meat rabbits. (2012, May 23). Rise and Shine Rabbitry. https://riseandshinerabbitry.com/2012/05/23/pellets-and-nutrition-for-meat-rabbits/

Peoria zoo. (2014, April 7). Peoria Zoo. https://www.peoriazoo.org/animal-groups/mammals/giant-flemish-rabbit/

Planning a Homemade Rabbit Cage. (2014). Therabbithouse.com. http://www.therabbithouse.com/indoor/designing-rabbit-cage.asp

Poindexter, J. (2017, February 23). How to butcher a rabbit humanely in 6 quick and easy steps. Morning Chores. https://morningchores.com/how-to-butcher-a-rabbit/

Pratt, A. (2019, November 11). 5 life stages of pet rabbits and how to keep them healthy. The Bunny Lady; Amy Pratt. https://bunnylady.com/rabbit-life-stages/

Pratt, A. (2020, March 6). How to make Critical Care rabbit formula for emergencies. The Bunny Lady; Amy Pratt. https://bunnylady.com/critical-care/

Pratt, A. (2021, April 5). Rabbits need more space than you think. The Bunny Lady; Amy Pratt. https://bunnylady.com/space-for-rabbits/

Pratt, A. (2021, March 8). How big do rabbits get? (smallest and largest breeds). The Bunny Lady; Amy Pratt. https://bunnylady.com/how-big-do-rabbits-get/

Preparing for emergencies. (n.d.). Therabbithaven.org. https://therabbithaven.org/preparing-for-emergencies

Rabbit bones. (n.d.). Steaksandgame.com. https://www.steaksandgame.com/rabbit-bones-1458

Rabbit breeding system. (2020, April 12). McGreen Acres. https://mcgreenacres.com/blog/rabbits/rabbit-breeding-system

Rabbit breeds: Best 17 for highest profits. (2022, January 28). ROYS FARM. https://www.roysfarm.com/rabbit-breeds/

Rabbit farming: Best beginner's guide with 28 tips. (2022, January 7). ROYS FARM. https://www.roysfarm.com/rabbit-farming/

Rabbit personalities and lifespan. (n.d.). The Anti-Cruelty Society. https://anticruelty.org/pet-library/rabbit-personalities-and-lifespan

Rabbit stock. (2008, January 28). Saveur. https://www.saveur.com/article/Recipes/Rabbit-Stock/

Rabbit's life cycle: From bunny to adult. (n.d.). CYHY. https://creatureyearstohumanyears.com/resources/rabbit-life-cycle

Raising meat rabbits. (2016, October 14). Farming My Backyard. https://farmingmybackyard.com/rabbits/

Richardson, H. (2022, June 8). How to know when to cull rabbits. Everbreed. https://everbreed.com/blog/how-to-know-when-to-cull-rabbits/

Shy rabbits. (2011, July 10). House Rabbit Society. https://rabbit.org/2011/07/faq-shy-rabbits/

Składanowska-Baryza, J., Ludwiczak, A., Pruszyńska-Oszmałek, E., Kołodziejski, P., & Stanisz, M. (2020). Effect of two different stunning methods on the quality traits of rabbit meat. Animals: An Open Access Journal from MDPI, 10(4), 700. https://doi.org/10.3390/ani10040700 (72), K. (2018, September 18). How to skin a rabbit – A step-by-step guide. Steemit. https://steemit.com/howto/@ketcom/how-to-skin-a-rabbit-a-step-by-step-guide

Suitable environment for rabbits. (2015, November 20). Nidirect. https://www.nidirect.gov.uk/articles/suitable-environment-rabbits

Sullivan, K. (2019, November 26). Is your rabbit sick? 9 signs the answer may be "yes." PETA. https://www.peta.org/living/animal-companions/is-my-rabbit-sick/

Tertitsa, T. (2013, October 27). Rabbit stewardship: Ethical, humane, conscientious raising/husbandry. One Community Global. https://www.onecommunityglobal.org/rabbits/

The Backyard Rabbitry. (2023, February 6). How to choose the right rabbit breed for meat production. The Backyard Rabbitry.

Vanderzanden, E., & Kerr, S. (n.d.). Raising rabbits for meat: Providing basic care. Oregonstate.edu.

Vanderzanden, E., & Kerr, S. (n.d.). Raising rabbits for meat: Providing basic care. Oregonstate.edu.

Walker, J. (2015, January 29). Keeping pregnant rabbits healthy, safe and warm. Coops and Cages. https://www.coopsandcages.com.au/blog/keep-pregnant-rabbits-safe-healthy-warm/

What to feed meat rabbits. (2019, February 14). Countryside. https://www.iamcountryside.com/homesteading/feed-meat-rabbits/

What to know about New Zealand rabbits. (n.d.). WebMD. https://www.webmd.com/pets/what-to-know-about-new-zealand-rabbits

What to know about the Californian rabbit. (n.d.). WebMD. https://www.webmd.com/pets/what-to-know-about-californian-rabbits

What to know about the Flemish giant rabbit. (n.d.). WebMD. https://www.webmd.com/pets/flemish-giant-rabbit

www.ingramcontent.com/pod-product-compliance
Lightning Source LLC
Chambersburg PA
CBHW070801300326
41914CB00053B/761